Jürgen

合法化危机

LEGITIMATIONSPROBLEME IM SPÄTKAPITALISMUS

[德]尤尔根·哈贝马斯 著
刘北成 曹卫东 译

Habermas

上海人民出版社

目录

前　言

把马克思主义的危机理论应用到已经发生变化的“晚期资本主义”(Spätkapitalismus)现实当中，导致了许多疑难。因此也出现了一些很有意思的尝试，有的是用新的思路来理解旧的原理，有的则是用新的危机原理来取而代之。我们在马克斯-普朗克研究所准备进行经验研究的过程中也考察了这些原理。本书第二部分提出的初步论证，概括了我在这些讨论中的收获。我之所以一反惯例，引用尚未问世的研究文献，是为了阐明我目前的讨论语境，尤其是想表明这些探讨的未完成性。到目前为止，这些探讨还没有达到意见一致的程度。此外，我不想把对各种假说的一般结构的解释与经验结论混淆起来。

本书第一部分具有提纲性质，说明有一种社会进化理论虽然应该成为社会理论的基础，但至今尚未出现。而第三部分的开放性则表明，当代社会理论的实际问题与基本问题之间有着密切的联系。关于基本问题，我希望不久能在交往行为理论(Theorie des kommunikativen Handelns)的框架内予以阐明。[1]

哈贝马斯

1973年2月于施塔恩贝格

注　释：

[1] 请参阅我为拙著《认识与兴趣》(*Erkenntnis und Interesse*, Frankfurt am Main, 1973)袖珍版所撰写的后记。

第一部分

社会科学的危机概念

第一章

系统与生活世界

人们在使用晚期资本主义(Spätkapitalismus)这个术语时，实际上提出了这样一种假设：即使是由国家调节的资本主义社会，在发展过程中也“充满了矛盾”(Widerspruch)或危机(Krise)。[1]因此，我想先来解释一下危机概念。

危机概念在被当作科学术语使用之前是一个医学用语。在医学上，危机是指疾病的一个阶段，这个阶段将决定身体的自我康复能力是否足以使人恢复健康。危机过程就是疾病，似乎是客观存在的。比如说，传染病是由外界感染身体而引发的；受到感染的身体则偏离了其正常的健康状态(Sollstand)，这点可以观察出来，并能够用经验参数加以衡量。病人的意识在这里是不起任何作用的。他感觉如何，他觉得自己的病情如何，不过是他本人所遭遇的一个事件的某种症状而已，对于这个事件，他本人无能为力。尽管如此，当医学上涉及生死问题的时候，如果这仅仅是一种外在观察出来的客观过程，且如果病人在主观上并没有完全卷入这一过程，我们也就不会说这是一场危机。危机不能脱离陷于危机中的人的内心体会：面对客观的疾病，病人之所以感到无能为力，只因为他是一个陷于被动的主体，被暂时剥夺了作为一个完全能够控制自己的主体的可能性。

因此，我们把危机与一种客观力量的概念联系起来，这种客观力量剥夺了一个主体的某些正常控制能力。我们把一个过程说成是危机，这样也就赋予了该过程以一种规范意义：危机的克服意味着陷入危机的主体获得解放。当我从危机的医学概念转向戏剧概念时，这一点就变得更为清楚。在从亚里士多德到黑格尔的古典美学中，危机意味着一种命定过程的转折点。尽管它具有十足的客观性，但它决不是简单地从外部强加于人身上，也不是始终外在于陷于危机的人本身。戏剧冲突的灾难性高潮中所体现出来的矛盾，是情节系统结构与主角个性系统中所固有的。如果剧中人物自身无法通过树立一种新的认同，来破除命运的神秘力量，进而重新获得自由，那么，命运也就占据了上风。命运具体表现为对打破剧中人物个性并且相互冲突的规范的揭示。

古典悲剧中所形成的危机概念和救赎历史(Heilsgeschichte)中的危机概念是一致的。[2]这种思维方式经过18世纪的历史哲学，渗透到了19世纪的社会进化理论。[3]因此，马克思首次提出了一种社会科学的系统危机(Systemkrise)概念。[4]我们今天就是在这种背景下来讨论社会危机或经济危机的。例如，我们每每说到20世纪30年代初期的那场全球经济危机，就都带有马克思主义的味道。但是，我不想用另一种对马克思危机学说的阐释来补充马克思主义的救赎历史。[5]我的目的是要全面引入一种社会科学的危机概念。

今天的社会科学提供了一种系统论的危机概念。[6]根据这种系统理论，当社会系统结构所能容许解决问题的可能性低于该系统继续生存所必需的限度时，就会产生危机。从这个意义上说，危机就是系统整合(Systemintegration)的持续失调。人们可能会否定这个概念在社会科学中的应用价值，认为它没有考虑到造成系统容纳不下(或是结构解决不了)控制能力的内在原因。社会系统的危机不是由于环境的突变，而是由于结构固有的系统命令(Systemimperativ)彼此不能相容，不能按等级整合所造成的。当然，只有在我们能够确定对于维持生存十分重要的结构时，才能确定结构固有的矛盾。这种结构与其他的系统因素必须区别开来。系统因素可以改变，但系统本身必须保持不变。由于很难用系统理论的语言来明确界定社会系统的界限与实存，因此，人们对系统论的社会危机概念产生了根本性的怀疑。[7]

人的机体具有明确的时空界限；它们维持其存在具有理想价值

(Sollwerte)，而这种理想价值只能在经验确定的承受限度内有所变化。相反，社会系统能够在一种高度复杂的环境中维持其存在，具体途径表现为：不是改变系统因素或理想价值，就是同时改变二者，以便把自己维持在一个新的控制水平上。但是，如果系统通过改变其界限和实存来维持其存在，那么，它们的认同就会变得模糊起来。同样的系统发生改变，既可以说是系统的学习过程和转型过程，也可以说是系统的瓦解过程和崩溃过程。究竟是有一种新的系统在形成，还是只有旧系统在更生，这是无法明确判定的。当然，在一个社会系统中，并不是所有的结构变化都会带来危机。很显然，如果社会系统的理想价值发生变化，而没有从根本上危及其实存，或没有丧失其认同，那么，就无法从系统论的客观主义立场出发，去把握这种情况的承受限度。系统不能说是主体；根据前科学概念的定义，只有主体才会被卷入危机。在社会成员感觉到结构变化影响到了继续生存，感觉到他们的社会认同受到威胁时，我们才会说出现了危机。系统整合的失调只有在使社会整合岌岌可危时，即在规范结构的共识基础受到严重破坏，社会变得失范时，才会危及继续生存。危机状态表现为社会制度的瓦解。[8]

社会系统也有其同一性，而且也可能会失去这种同一性；因为历史学家完全能够把国家的革命或帝国的崩溃与单纯的结构变化区分开来。他们在进行这种区分时，参照了系统成员的解释，依靠这种解释，系统成员获得了其自我认同，认为自己属于某个群体；进而用这种集体认同来捍卫其自我认同。在历史叙述中，传统断裂导致了确保认同的解释系统丧失了其社会整合的力量，因此，传统断裂是社会系统崩溃的一个标志。从这一点看，一旦后代在传统结构中再也无法确认自己，社会便失去了其认同。当然，这种唯心论的危机概念也有其弱点。起码传统的断裂不是一个精确的标准，因为传统的中介和历史连续性的意识形式本身都随历史而变化。此外，当代的危机意识往往会让后人误解。社会成员说到危机的时候，并不一定或并不总是就意味着社会陷入了危机。如果社会危机只能用意识现象来加以确定的话，那么，我们又如何才能把危机意识形态与实实在在的危机经验区分开来呢?

危机过程的客观性在于:危机是从无法解决的控制问题中产生出来的。认同危机与控制问题紧密相关。虽然行为主体绝大部分情况下都没有意识到控制问题的重要性,但这些控制问题造成了一些后果,对主体的意识产生了特殊的影响,以至于危及到了社会整合。关键在于什么时候会出现这种控制问题。因此,一种适当的社会科学危机概念应当能够把握住系统整合(Systemintegration)与社会整合(Sozialintegration)之间的联系。"社会整合"和"系统整合"这两个概念,分别来自于不同的理论传统。我们所谓的社会整合,涉及的是具有言语和行为能力的主体社会化过程中所处的制度系统;社会系统在这里表现为一个具有符号结构的生活世界。[9]我们所说的系统整合,涉及的是一个自我调节的系统所具有的特殊的控制能力。这里的社会系统表现为它们克服复杂的周围环境而维持住其界限和实存的能力。*生活世界*(Lebenswelt)和*系统*(System)这两个范式都很重要,问题在于如何把它们联系起来。[10]就生活世界而言,我们所讨论的主题是社会的规范结构(价值和制度)。我们依靠社会整合的功能(用帕森斯的话说就是:整合与模式维持),来分析事件和现状,此时,系统的非规范因素是制约条件。从系统的角度来看,我们所要讨论的主题是控制机制和偶然性范围的扩张。我们依靠系统整合功能,用帕森斯(T. Parsons)的话说就是:适应与目标达成,来分析事件和现状,此时,理想价值是数据。如果我们把社会系统理解为生活世界,就会忽略控制问题;如果我们把社会理解为系统,就不会考虑到这样一个事实,即社会的现实性在于虽然得到公认,但往往是虚拟的有效性要求是实际存在的。

系统论的概念策略的确也把规范结构包容在自己的语言中。但是,它是从每一种社会系统的控制中心来定义各种社会系统的。因此,在已经发生分化的社会中,政治系统(作为分化出来的控制中心),其地位高于社会文化系统[11]和经济系统。图1取自一份研究材料。[12]

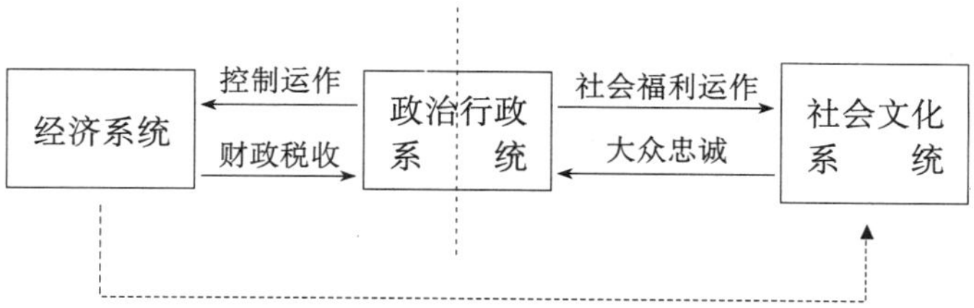

图 1　规范系统的前政治因素

社会进化表现为三个层面，即生产力的提高，系统自主性(权力)的增强以及规范结构的变化。系统论在它的分析框架内通过降低环境的复杂性，而把社会进化限制在权力增长这个唯一的层面上。卢曼对社会学基本概念的重新定义就表现出这样一种趋势。我在其他地方已经尝试过指出[13]，如果把生活中文化再生产结构中的有效性要求，诸如真实性、正确性等，理解为控制媒介，并且把它们和权力、金钱、信任以及影响等放到同一个层面上，它们就会失去其通过话语而能够得到兑现的意义。系统论只会承认经验实践以及经验状态属于它的对象领域，因而必定会把有效性问题(Geltungsprobleme)转化为行为问题(Verhaltensprobleme)。因此，卢曼主张要对诸如认识与话语、行为与规范、统治与意识形态证明等概念重新加以定义；抛开这些概念，有机系统中的劳动与社会系统中的劳动才能区分开来(正如我所认为的，卢曼甚至想把意义和否定用作区分的基本概念)。一旦控制方面被独立出来，社会科学的对象领域也被局限于选择的潜能，那么，一种理解性的概念策略就会变成概念帝国主义，其长处也就变成了短处。

行为理论的概念策略尽量避免这些短处，但它还是造成了规范结构与有限的物质条件之间的背离。[14]在分析层面上，社会文化系统、政治系统以及经济系统等社会亚系统之间尽管存在着一种等级秩序，但是，在任何一种系统中，规范结构都必须和有限的物质基础区别开来(表 1)。

表 1

亚系统	规范结构	基础范畴
社会文化	地位系统；亚文化的生活方式	私人可获得的、可任意支配的报酬与极力的分配
政　　治	政治制度（国家）	合法权力的分配（和结构力量）；现有的组织合理性
经　　济	经济制度（生产关系）	经济权力的分配（和结构力量）；现有的生产力

这种抽象的要求用对具有控制意义的限制和潜力的分析，来补充对规范结构的分析。当然，对于危机分析来说，“补充”要求是远远不够的，因为危机分析要求一个能够把握住规范结构与控制问题之间关系的分析层面。我在对社会系统的历史分析当中发现了这个层面；对社会系统的历史分析，使得我们能够确定一种宽容领域，从而允许一种确定的系统的理想价值有活动的空间，而又不会使该系统的持续存在受到严重威胁。这种活动空间的界限就是历史连续性的界限。[15]当然，规范结构的弹性，即既能有所变化，又不至于引起传统断裂的限度，并不只是依赖，或者说主要不是依赖规范结构自身的坚决要求。因为，社会系统的理想价值一方面是传统文化价值的产物，另一方面又是系统整合非规范要求的产物：在理想价值中，社会生活的文化定义与系统论对于生存命令的重构是相互联系的。然而，迄今为止还没有可靠的概念和方法来分析这种联系。

显然，我们只有在社会进化理论的框架范围内，才能为结构转型提供各种变化空间。[16]在这方面，马克思的社会形态概念是很有帮助的。任何一种社会形态都是由基本的组织原则所决定的，而这种组织原则为社会状况的改变提供了抽象的可能性。我所说的组织原则，是一些高度抽象的原则，是在巨大的进化动力中表现出来的自然特性，标志着不同阶段上的新的发展水平。组织原则限定了一个社会在不失去其认同条件下的学习能力。根据这一定义，控制问题如果在社会组织原则所允许的活动范围内得到解决，就会产生危机效应。这种组织原则首先确定的是生产力的提高所依赖的学习机制；其次，它们决定着保障认同的解释系统的活动范围；最后，它们还设定了控制能力扩张的制度界限。在用一些例子说明这一组织原则概念之前，我想用社会系统的构成要素来阐明选用这个概念的正当性。

注　释：

[1] 奥佛（Claus Offe）："晚期资本主义——尝试对一个概念的定义"（Spätkapitalismus——Versuch einer Begriffsbestimmung），载《资本主义国家的结构问题》（*Strukturprobleme des kapitalistischen Staates*），Frankfurt am Main，1972，第 7 页及以下诸页。

[2] 洛维特（Karl Löwith）：《世界历史与救赎历史》（*Weltgeschichte und Heilsgeschehen*），Stuttgart，1953。

[3] 德雷泽尔（H. P. Dreitzel）：《社会转型》（*Sozialer Wandel*），Neuwied，1967；斯克莱尔（L. Sklair）：《进步社会学》（*The Sociology of Progress*），London，1970。

[4] 科瑟勒克（R. Koselleck）：《批判与危机》（*Kritik und Krise*），Freiburg，1961；哈贝马斯：《理论与实践》（*Theorie und Praxis*），1971，第 244 页及以下诸页。

[5] 策莱尼（J. Zeleny）：《科学逻辑与资本》（*Die Wissenschaftslogik und das Kapital*），Frankfurt，1968；赖希特（H. Reichelt）：《论马克思资本概念的逻辑结构》（*Zur logischen Struktur des Kapitalsbegriffs bei K. Marx*），Frankfurt am Main，1970；古德里尔（M. Godelier）：《〈资本论〉中的系统、结构和矛盾》（*System, Struktur und Wiederspruch im Kapital*），Berlin 1970；毛克（M. Mauke）：《马克思和恩格斯的阶级理论》（*Die Klassentheorie von Marx und Engels*），Frankfurt am Main，1970。

[6] 耶尼克（M. Jänicke）：《统治与危机》（*Herrschaft und Krise*），Opaladen，1973；其中刊载有耶尼克、多伊奇（K. W. Deutsch）以及瓦格纳（W. Wagner）的文章。

[7] 哈贝马斯、卢曼：《社会理论还是社会技术学？》（*Theorie der Gesellschaft oder Sozialtechnologie?*），Frankfurt am Main，1971，第 147 页及以下诸页。

[8] 从涂尔干到默顿（Merton）的社会科学文献，以及默顿之后对于失范行为，特别是犯罪行为的研究，都阐述了这种失范（Anomie）概念。关于这方面的详细论述，请参阅莫泽尔（T. Moser）：《少年犯罪与社会结构》（*Jugendkriminalität und Gesellschaftsstruktur*），Frankfurt，1970。

[9] 伯格（P. Berger）和卢克曼（Th. Luckmann）：《现实的社会结构》（*Die gesellschaftliche Konstruktion der Wirklichkeit*），Frankfurt am Main，1969。

[10] 舒茨（A. Schütz）的现象学和社会控制论所表明的概念策略分别把这两个方面揭示了出来。社会科学功能论已经开始尝试关注社会的双重结构，并把生活世界和系统这两个范式联系起来。帕森斯（T. Parsons）在其《草稿》（*Working Papers*）中从范畴的高度把系统理论和行为理论联系起来；埃齐奥尼（Etzioni）把控制能力和共识结构看作是系统的两个方面；卢曼从系统理论的角度对现象学的基本概念"意义"（Sinn）重新进行了阐释。所有这些尝试对于如何恰当地把社会系统问题揭示出来是有启发的，但它们并没有解决社会系统问题，因为主体间性结构迄今为止还没有得到充分的研究，社会系统的构成要素也没有得到准确的把握。

[11] 在后面的论述中，我所说的"社会文化系统"（Soziokulturelles System），既包括文化传统（文化价值系统），也包括通过社会化和职业化而获得规范力量的制度。

[12] 奥佛：《危机与危机的控制》（*Krise und Krisemanagement*），载耶尼克：《统治与危机》，第 197 页及以下诸页。

[13] 哈贝马斯、卢曼：《社会理论还是社会技术学？》，第 221 页及以下诸页，第

239 页及以下诸页。在此期间，卢曼进一步发展了他的交往媒介理论，并把它当作是系统理论和进化理论之外的一个独立部分。

[14] 洛克伍德（D. Lockwood）："社会整合与系统整合"（Social Integration and System Integration），载佐尔山（G. Zollschan）和赫希（W. Hirsch）：《社会转型探索》（*Explorations in Social Change*），London，1964。布兰特（Gerhard Brandt）进一步发挥了这种观点。

[15] 鲍姆伽特纳（H. M. Baumgartner）：《连续性与历史》（*Kontinuität und Geschichte*），Frankfurt，1972。

[16] 埃德（K. Eder）："复杂性、进化与历史"（Komplexität，Evolution und Geschichte），载马西耶夫斯基（F. Maciejewski）：《社会理论还是社会技术学（补充论证第1卷）》，Frankfurt am Main，1973，第 9 页及以下诸页。

第二章

社会系统的构成要素

首先我想来描述一下社会系统的三个普遍特征：

1. 在生产（Produktion）过程（对外部自然的占有）和社会化（Sozialisation）过程（对内在自然的占有）中，通过真实的表达和需要证明的规范，即通过话语的有效性要求，社会系统与其环境之间进行了交流。生产和社会化的发展过程都遵循可以用理性加以重构的模式。

2. 在生产力和系统自律达到一定水平后，社会系统就改变了其理想价值。但是，理想价值的改变受到了世界观发展逻辑的限制，系统整合的命令对这种逻辑毫无作用。社会化的个体形成了一个内在环境，从控制的角度看，这种环境具有悖论色彩。

3. 一个社会的发展水平取决于制度所容纳的学习能力，具体而言，取决于理论—技术问题和实践问题自身能否分化开来，话语型的学习过程能否出现。

关于1：社会系统的环境可以分为三个部分：即外部自然或非人类环境中的物质资源；社会所涉及的其他社会系统；内在自然或社会成员的有机基础。社会系统是通过符号而与其社会环境区别开来的，除非能发展形成普遍主义的道德，否则，社会系统与社会环境之间就会像内在道德与外在道德一样分离开来。这个复杂的问题将不在这里讨论。外部自然和内在自然之间的交换过程，对于社会文化再生产的特殊形式具有决定意义。这里所涉及到的是社会系统“占有”自然的社会化过程。外部自然是在生产过程中被占有的，内在自然则是在社会化过程中被占有的。随着控制能力的加强，社会系统从内外两个方向上把它的边界向自然领域扩展：随着系统“权力”的增加，对外部自然的控制和内在自然的整合也有所加强。生产过程吸取的是自然资源，把自然资源所释放的能量转化成使用价值；社会化过程则把系统成员塑造成具有言语和行为能力的主体；这个学习过程始于胎儿阶段，个体到死也脱离不了这个过程（如果我们不考虑丧失社会化能力的病理学个案）。

社会系统用生产力来使外部自然社会化。它们把劳动力组织起来并加以培训，此外还发展技术和策略。为此，他们需要可以利用的技术知识。认知能力概念和信息概念在这种情况下是经常使用的，但它们所透露出来的却是与动物智能之间的联系。我认为，社会系统的特殊作用在于，能够通过*真实的表达*（wahrheitsfähiger Äusserungen）这个媒介而扩大对外部自然的控制。劳动（Arbeit）或工具行为（instrumentales Handeln）所遵守的是技术规则；它们所体现的是经验观点，其中包含着真实性要求，即可以用话语加以兑现和彻底加以批判检验的有效性要求。

社会系统用规范结构来使内在自然社会化。在此过程中，需求得到了解释，行为得到了许可，甚至承担起了责任。其中所表现出来的动机（Motivation）概念不能掩盖这样一个特殊事实，即社会系统通过*需要加以论证的规范*（rechtfertigungsbedürftige Normen）完成了对内在自然的整合。相反，这些规范当中包含着只能用话语加以兑现的有效性要求：我们用经验命题所提出的真实性要求，与我们用行为规范以及估价规范所提出的正确性要求（Richtigkeitsanspruch）和恰当性要求（Angemessenheitsanspruch）之间是一致的。

面对外部自然，社会系统用（遵循技术规则的）工具行为来捍卫自身，面对内在自然，则用（遵循有效规范的）交往行为来捍卫自身。因为，在社会文化发展阶段上，动物行为被按照有效性要求的命令重新组织了起来。[1]这种重组是在语言建立起来的主体间性结构中完成的。

语言交往具有双重结构：只有在具备了人际之间的交往关系的同时，才有可能就命题内涵进行交往。[2]而这正体现了人所特有的认知能力和行为动机与语言的主体间性之间的交互作用。语言所发挥的是一种转换功能：由于诸如感觉、需求以及情感等心理过程被转移到了语言的主体间性结构中，因此，内在事件和内在经历就转变成了意向内涵，而认知则转变成了陈述，需求和感觉则转变成了规范期待(戒律或价值)。这种转换导致有众多后果的差异，一边是意见、愿望、快乐和痛苦的主体性，另一边则是和普遍性要求一起出现的表达和规范。普遍性意味着知识的客观性和有效价值的合法性；它们共同确保对于社会生活世界具有构成意义的共同性(Gemeinsamkeit)。无论是对于经验或工具行为，还是对于立场和交往行为，语言主体间性的结构都具有构成意义。同样是这些结构，在系统层面上调节着对外部自然的控制和对内在自然的整合，即调节着社会化过程。而社会化过程依靠的是社会化个体的力量，并且把真实的表达和需要加以论证的规范当作是自己的媒介。

系统自律(权力)的扩大取决于另外两个层面的发展，即生产力(真实性)的发展和规范结构的改变(正确性和恰当性)。这些发展过程所遵循的是可以用理性重建的模式，从逻辑上讲，它们相互之间是独立的。世俗知识和技术的历史，就是面对外部自然掌握真理的历史。它是由诸多断断续续，但不断累积的过程构成的。经验机制的知识对于解释科学和技术进步在世界史上的累积特征是必要条件，但不是充分条件。相反，为了发展科学和技术，我们需要设计出一套内在逻辑，有了这样一种内在逻辑，不可逆转的后果从一开始就已经明确了等级秩序。[3]一种可以用理性重建的发展模式的局限性就体现在这样的平常经验当中：只要传统连续性没有被打破，认知动力就不会被彻底遗忘；任何对不可逆转的发展道路的偏离都被认为是一种倒退，都要付出代价。

文化生活同样不能随意加以定义，这一事实并非微不足道。由于内在自然的社会化同样是通过话语型的有效性要求的，因此，规范结构的转型同科学技术的历史一样也是一个定向的发展过程。内在自然的整合具有一种认知成分。在从神话到宗教再到哲学和意识形态的发展过程中，要求用话语来兑现规范有效性要求的呼声越来越高。同自然知识和技术一样，世界观的内在发展过程也遵循一种模式，从而使人们有可能用理性对下面这些通过描述所列举出来的规律加以重建：

——与宗教领域相对的世俗领域的扩张；

——从不断的他律向越来越自律的发展趋势；

——世界观当中认知内涵的空缺（从宇宙学到纯粹的道德系统）；

——从部落式的地域主义到普遍主义和个人主义的取向；

——信仰方式的反思性不断增强，这点可以从下面的排序当中看出来：作为直接体验的取向系统的神话、教诲、启示宗教、理性宗教、意识形态。[4]

世界观的组成因素，比如道德系统以及相关解释，能够有效地确保个人认同和集体整合，它们虽然越来越复杂，但遵循着一种共同的模式；从个体发生的层面来看，这在道德意识的发展逻辑上有着一种相似的模式。只要传统还保持其连续性，集体所达到的道德意识程度就像集体所获得的知识一样是不会被遗忘的，但这并不排除有倒退的可能。[5]

关于2：我在这里不可能详细论述生产力、控制能力以及世界观（乃至道德系统）在发展过程中相互之间的复杂依存关系。但是，在我看来，社会文化生活的再生产形式在其中显得很不相称：生产力的发展总是在不断地扩大社会系统的偶然性领域，而解释系统结构中的进化动力并不是总能提供选择上的优势。随着社会组织形式当中的系统自律的增强以及复杂性的相应提高，已经变成桎梏的规范结构就自然会被打破，失去控制意义的参与则自然会被淘汰。今天在发展中国家的现代化过程中还可以不断地看到这个过程。但是，有一些问题也是值得思考和论证的。随着生产力的发展而不断扩大的世俗知识与传统世界观的教义之间在认知方面发生了冲突，这样规范结构就被打破了。由于规范结构当中的发展动力机制独立于其发展逻辑，因此，在先验上就不能保证生产力的发展和控制能力的增强能够引起符合社会系统控制命令的规范变化。如果有一种对外部自然的控制是通过真实性要求而进行的，那么，这种对外部自然的控制作用已经扩大的选择潜力就可以带来选择上的优势。但是，在依靠正确性和恰当性而进行的对内在自然的整合当中，这种选择上的优势是否会以及在多大程度上会在自己制造的复杂性当中丧失掉，则是一个经验问题。我们不能排除这种可能性：即生产力的提高会加强系统的权力，从而导致规范结构的改变，与此同时，它又对系统自律构成了限制，因为它们提出了新的合法性要求，因而压缩了理想价值的变化范围。（我在后面将讨论这样的观点，即这种情况是在晚期资本主义中出现的，原因在于，交往伦理学的合法性领域所容纳的理想价值与系统复杂性的急剧增长是不能相容的，而且由于发展逻辑的原因，其他的合法性也不能产生。）社会系统的理想价值在历史上是不断变化的，这个命题需要作如下补充：即理想价值的变化受到了世界观结构的发展逻辑的限制，而世界观结构的发展逻辑并不一定受权力增长的支配。[6]

与此相关的是社会的另一个特征：内在自然并不像外部自然那样属于系统环境。一方面，社会化个体的有机基础并不是完全处于社会系统之外，对于这点，我们只要研究一下关于机体活动失调的心身医学(Psychosomatik)就可以看得清清楚楚；[7]另一方面，内在自然在和社会系统整合之后依然还是一种类似于内在环境的东西，因为社会化的主体为了捍卫他们的个性拒绝彻底融入社会。我们不能把内在自然的社会化和外部自然的社会化(即生产)同等对待，都简单地理解为对环境复杂性的化约。系统运转的自由度通常是随着对环境复杂性的化约而扩大的，而内在自然的逐步社会化反而限制了系统偶然性的活动范围。随着个体化水平的提高，社会化个体抵御分化出来的控制中心的决定的免疫力似乎也得到了加强。面对权力扩张的要求，规范结构充当的是一种自我约束机制。在自我调节系统的逻辑结构中，这一点只能这样来表述：内在自然既是系统环境，也是系统因素。具有言语和行为能力的主体，其本性既是活的肉身，又是物质实体，这点同样具有悖论意义。[8]但是，我认为，这些悖论只是表明一种不自量力的系统理论的模糊性。如果我们不是选择系统和自我控制，而是选择生活世界和主体间性作为更高的观察视角，并从一开始就把社会化理解为个体化，这些悖论就消失了。语言理论是能够把握这种联系的，但如果我们固守系统理论，就只能导致荒诞不经。[9]社会也是系统，但它们的运动方式并不完全遵循系统自律(权力)的扩张逻辑，相反，社会进化是沿着生活世界的逻辑进行的，其结构是由语言产生的主体间性决定的，并且建立在可以批判检验的有效性要求的基础上。

关于3：如果我对社会系统构成要素的描述是正确的话，控制能力的变化就应当取决于对外部自然的控制和对内部自然的整合的不断增强。这两个层面上的进化是以定向形式的学习过程出现的，而学习过程则是在通过话语可以兑现的有效性要求的引导下进行的。生产力的发展和规范结构的变化分别遵循不断深入的理论认识和实践认识的逻辑。[10]集体学习过程，亦即世俗知识和技术的历史以及确保认同的解释系统的结构转型，所遵循的是可以用理性加以重建的模式；但这些模式只能解释可能发展所带来的必然逻辑后果。相反，实际的发展，比如创新和停滞、危机的出现、危机的有效解决或无效处理等，只能用经验机制加以解释。但我以为，社会进化的基本机制就是不能不学习这样一种能动机制。在社会文化发展层面上，需要解释的现象不是学习，而是不学习。可以说，人的理性就在于此。只有在这种背景下，人类历史上突出的非理性现象才能表现出来。从形式上划分各种学习层次，所依据的是这样的事实：我们是在两个层面上学习(理论层面和实践层面)，学习过程和有效性要求是联系在一起的，而有效性要求可以用话语来兑现。非反思性学习(Nichtreflexives Lernen)发生在这样一种行为语境中：含蓄提出的理论性和实践性的有效性要求被天真地视为理所当然，而没有通过话语来考虑是予以接受还是加以拒绝。反思性学习(Reflexives Lernen)则是发生在话语当中，我们用话语把有问题或由于受到怀疑而有问题的有效性要求列举出来，通过论证来决定是加以兑现还是予以拒绝。一种社会形态所能容纳的学习水平可能取决于社会组织原则(a)是否允许理论问题和实践问题分化开来，以及(b)是否允许非反思性学习向反思性学习的过渡。由此可能出现四种组合，如果我没有说错的话，其中有三种已经在历史上出现过(表2)。

表 2

学　习	理论问题和实践问题	
	没有分化	已经分化
非反思性	X	—
反 思 性	X	X

当然，表2是很不充分的，甚至不能粗略说明问题，因为它把话语逻辑中所形成的概念沿用到不同的解释系统中，而且没有区分清楚理论问题和实践问题是否只有在主要的解释框架中，[11]或在生活实践自身当中才始终是密不可分的。魔幻世界观和万物有灵的世界观中可以看到一种忽视了这种区分的生活实践，而神话世界观则和一种世俗知识共存在一起；这种世俗知识是在社会劳动领域中积累起来和扩展开来的。因此，在这种知识当中，具有理论潜力的技术知识与对于自然的生活世界和社会的生活世界的实践解释实际上已经区分了开来。此外，表2也没有描绘出制度化话语实际能够把握的领域。随着哲学的兴起，神话传统的因素第一次被揭示了出来，供话语讨论；但是，古典哲学把具有实践意义的解释当作理论问题加以处理，而把技术所使用的经验知识贬低为没有理论潜力。相反，随着现代科学的兴起，这个经验知识领域进入了反思性学习过程。同时，哲学中则蔓延着一种导致了实证主义的趋势，想根据其逻辑形式来区分理论问题和实践问题，但目的是要

把实践问题从话语当中排除出去：实践问题不再具有“真实性”。[12]相反，一般实践话语的制度化则意味着社会进入了一个新的学习阶段。

我们在从 1 到 3 中对社会系统的构成要素的定义如果是贴切的话，那么，努力寻求组织原则似乎就很有意义。社会组织原则主要是从生产力和确保认同的解释系统出发，来明确一个社会的学习能力以及发展水平，并进而限制控制能力增长的可能性。马克思根据对生产资料的使用，即生产关系，确定了不同的社会形态。他认为整体组织的核心是在规范结构与物质基础相交织的层次上。生产方式应当体现社会组织原则，因此，它自然也就不能和生产资料所有制的各种历史形式等同起来。组织原则是高度抽象的规则，具有明确的活动范围。而且，谈到生产关系往往会诱发狭隘的经济决定论的解释。但在一个社会中，究竟哪个亚系统能够具有功能优先性(funktionalen Primat)[13]，也就是说，究竟哪个亚系统能够引导社会进化，主要是由该社会的组织原则所决定的。

注　释：

[1] 我会在交往行为理论中阐明这个论点。

[2] 请参阅我论述交往资质理论的文章，载哈贝马斯、卢曼：《社会理论还是社会技术学？》，第 142 页及以下诸页。

[3] 我并不坚持认为，科学系统内部的调节因素能够充分地解释科学史。请参阅下列值得注意的著作：博姆(G. Böhme)、范·登·达埃尔(W. van den Daele)、克洛恩(W. Krohn)：“科学中的选择”(Alternativen in der Wissenschaft)，载《社会学研究》(*Zeitschrift für Soziologie*)，1972，第 302 页及以下诸页；以及“科学的目的化”(Finalisierung der Wissenschaft)，载《社会学研究》，1973。

[4] 丢伯特(R. Döbert)、诺纳(G. Nunner)：《晚期资本主义社会的冲突和恢复潜力》(*Konflikt und Rückzugspotentiale in spätkapitalistischen Gesellschaften*)，手稿，MPIL，第 14—15 页。丢伯特：《进化论对于社会科学功能主义的方法论意义——以宗教系统的进化为例》(*Die methodologische Bedeutung von Evolutionstheorien für den sozialwissenschaftlichen Funktionalismus*)，博士论文，1973；亦可参阅卢曼的《宗教：系统与社会化》(*Religion—System und Sozialisation*)，Neuwied，1972，第 15 页及以下诸页。

[5] 关于认知主义成长心理学中的成长逻辑概念，请参阅科尔贝格(L. Kohlberg)：“阶段与结果：对社会化的认知成长研究”(The Cognitive Developmental Approach to Socialisation)，载戈斯林(D. A. Goslin)编：《社会化手册》(*Handbook of Socialisation*)，Chicago，1969，第 347 页及以下诸页。

[6] 埃德(K. Eder)：《社会进化的机制》(*Mechanismen der sozialen Evolution*)，手稿，MPIL。

[7] 米切利希(A. Mitscherlich)：《作为冲突的疾病》(*Krankheit als Konflikt*)，

Frankfurt am Main，1966，1967。布莱德（K. Brede）：《心理障碍的社会分析》（*Sozioanalyse psychosomatischer Störungen*），Frankfurt am Main，1972。

[8] 普莱斯纳（H. Plessner）：《有机层次与人》（*Die Stufen des Organischen und der Mensch*），Berlin，1928。

[9] 哈贝马斯、卢曼：《社会理论还是社会技术学？》，第155页及以下诸页。

[10] 因此，在多伊奇（K. W. Deutsch）和埃齐奥尼（A. Eztzioni）的社会发展系统理论中，学习概念处于分析的中心是完全合理的，但这些概念还过于狭隘，没有把话语学习包括进去。请参阅他们的《管理中枢》（*The Nerves of Government*），New York，1963；《能动的社会》（*The Active Society*），New York，1968。

[11] 哈贝马斯："真理论"（Wahrheitstheorien），载《舒尔茨纪念文集》（*Festschrift für Walter Schulz*），Pfullingen；图尔明（St. Toulmin）：《论据的使用》（*The Use of Argument*），Cambridge，1964；爱德华（P. Edwards）：《道德话语的逻辑》（*Logic of Moral Discourse*），New York，1955。

[12] 哈贝马斯："哲学尚能何为？"（Wozu noch Philosophie？），载《哲学政治巨擘》（*Philosophisch—politische Profile*），Frankfurt am Main，1971。

[13] 关于"功能优先性"概念，请参阅卢曼："作为社会问题的经济"（Wirtschaft als soziales Problem），载《社会学启蒙》（*Soziologische Aufkl ärung*），Opladen，1970，第226页及以下诸页。

第三章

社会组织原则的解释

我认为区分四种社会形态是有意义的，它们是：原始社会（die vorhochkulturelle Gesellschaft）、传统社会、资本主义社会和后资本主义社会。除了原始社会之外，其余都是阶级社会（这里，我把国家社会主义社会称作后资本主义阶级社会，因为生产资料控制在政治精英手里）：

- 原始社会
- 阶级社会
  - 文明社会
    - 传统社会
    - 现代社会
      - 资本主义社会
        - （自由资本主义社会）
        - （有组织的资本主义社会）
      - 后资本主义社会
- 后现代社会

考察晚期资本主义阶级社会或后资本主义阶级社会中的危机倾向，其目的是要揭示产生后现代社会的各种可能性。“后现代社会”不仅是尽管已经衰老但仍具有惊人活力的资本主义的一个新的别称，而且也是历史上一个崭新的组织原则。[1]我想根据三种社会形态，来具体说明社会组织原则的含义，以及从这些组织原则中所能衍生出来的具体的危机类型。这些随意性的论述既不想冒充是社会进化理论，也不想取代社会进化理论；而只是想从经验层面上引入一个概念。对于每一种社会形态，我都将描述一下其中主要的组织原则，指出这种组织原则为社会进化所提供的可能性，并对其中所容纳的危机类型加以推论。如果不依靠一种社会进化理论，就不能从抽象的角度把握住组织原则，而只能依据不同发展阶段所具有的功能优先性的制度领域（诸如亲缘系统、政治系统以及经济系统），来简单地加以归纳和说明这些组织原则。

1. 原始社会形态
（Die vorhochkulturelle Gesellschaftsformation）

年龄和性别等原始角色是原始社会的组织原则。[2]其制度核心是亲缘系统（Verwandtschaftssystem）。在这个发展阶段上，亲缘系统表现为一种总体性制度。家庭结构决定了整个社会的交往；家庭结构同时也保障了社会整合和系统整合。世界观和规范几乎还没有分化开来。它们都是围绕着礼仪和禁忌而建立起来的，不需要单独加以认可。这种组织原则仅仅和家庭道德和部落道德联系在一起：凡是逾越亲缘系统的社会关系，无论是纵向的，还是横向的，都不可能存在。在按照亲缘关系组织起来的社会里，生产力不能依靠剥削劳动力（通过强迫而提高剥削程度）来获得发展。学习机制被纳入工具行为的功能范围，在漫长的时间内，所带来的只是一些看起来很有序，实际上并不重要的革新。[3]在原始社会发展阶段上，似乎还没有任何有系统的动机促使人们去生产超出满足基本需求的产品，即使生产力的发展状况允许生产剩余也是如此。[4]由于这种组织原则不会产生任何矛盾的要求，因此，外在的变化就可以打破这种按照亲缘关系组织起来的社会所具有的有效的控制能力，并摧毁家庭认同和部落认同。产生外在变化的原因通常包括：人口的增长以及相关的生态因素，特别是由于交换、战争和征服而带来的种族间的依赖关系。[5]

2. 传统社会形态
(Die traditionale Gesellschaftsformation)

传统社会形态的组织原则是具有政治形式的阶级统治(Klassenherrschaft)。随着官僚制统治机器的出现，从亲缘系统中分化出一个控制中心。这就使得社会财富的生产和分配从家庭组织形式转为生产资料所有制形式。亲缘系统不再是整个系统的制度核心。它把权力和控制的主要功能转让给国家。这是功能专门化和分化的开端。在这个分化过程中，家庭丧失其全部的经济功能和某些社会化功能。在这一进入文明时期的发展阶段上，主要是为系统整合或社会整合服务的亚系统兴起了。在它们的交叉点上，法律秩序调节着生产资料的支配特权和权力的行使策略，而这种法律秩序本身则需要加以合法化。以统治机器和法律秩序为一方，以虚拟论证和道德系统为另一方，两者之间发生了分化，与这种分化相对应的是世俗权力与宗教权力的制度分离。这种新的组织原则使得系统自律有了显著的加强；其前提是功能分化，并促使形成一般的媒介(金钱和权力)以及反思机制(成文法)。但是，控制能力的这种增长是以一种根本不稳定的阶级结构为代价的。[6]在阶级社会里，和生产资料私有制一起制度化的还有一种权力关系，长此下去，这种权力关系会对社会整合构成威胁。因为阶级关系中的利益冲突表现为一种潜在的冲突。当然，在一个合法的统治秩序中，利益冲突可能是潜在的，并暂时被整合起来。这正是能够提供合法性的世界观和意识形态的成就：它们把规范结构的虚拟的有效性要求同公共议论和共同检验的领域脱离开来。生产关系直接具有了政治形式，也就是说，经济关系由合法权力来加以调节。通过求助于传统的世界观和常规的国家伦理，统治秩序得到了维护。

尽管垂直分化已经达到了相当高的程度，新的组织原则却还是用非政治的交换关系(地区性市场、城邦国家)把水平层面上的社会化保持在狭窄的范围内。政治上的阶级统治要求用国家伦理来代替部落道德，但这种国家伦理还是依赖于传统，也就是说，还是具有抵御特征；因此，这样的阶级统治无法容纳普遍性的交往形式。在社会劳动的阶级系统中，随着剥削程度的提高，也就是说，通过有组织的强制性劳动，生产力可以获得发展，这样就出现了社会剩余产品，它们被享有特权的人所占有。由于技术创新始终是自发的(技术上可以利用的知识没有通过反思性的学习而获得发展)，因此，生产力的提高无论如何都是有其限度的。

传统社会中的危机类型源于社会内部的矛盾。而矛盾存在于规范系统和论证系统的有效性要求与阶级结构之间；前者不允许公开进行剥削，后者则使依靠特权占有社会财富成为一种通则。如何不是平均而是合理地分配社会财富，这个问题可以用意识形态对于虚拟的有效性要求的保障暂时加以解决。在遭到批判的时候，传统社会通过强化对劳动力的剥削而扩大其控制范围。也就是说，传统社会不是直接通过加强体罚力度(刑法史上有许多例子说明了这一点)来提高自己的权力，就是间接通过强制实施普遍税捐(如劳役、实物或货币)来提高自己的权力。因此，危机通常是由于控制问题导致的。控制问题迫使系统通过加强压迫来增强自己的自律；而这又导致了合法性的丧失，进而导致阶级斗争(阶级斗争通常是和外部冲突联系在一起的)；阶级斗争最终危及社会整合，并且可能导致政治系统的颠覆和新的合法性基础的建立，即导致一种新的集体认同。

3. 自由资本主义社会形态
（Die liberalkapitalistische Gesellschaftsformation）

自由资本主义社会的组织原则是资产阶级民法体系中所确定的雇佣

劳动(Lohnarbeit)与资本(Kapital)之间的关系。由于出现了私人商品所有者摆脱国家束缚的商业领域，也就是说，由于在拥有一定疆域的国家中，商品市场、资本市场以及劳动市场等获得了制度化，由于世界贸易体系的建立，因此，“市民社会”(Bürgerliche Gesellschaft)也就从政治经济系统中分化了出来。[7]这意味着阶级关系的非政治化和阶级统治的匿名化。国家和用政治手段建立起来的社会劳动系统不再是整个系统的制度核心。相反，现代赋税国家(Steuerstaat)——韦伯分析了这种国家的原型[8]——变成了自我调节的市场流通体系的一个补充结构。[9]对外，国家依然用政治手段来确保领土的完整和国内经济的竞争秩序。但对内，原来处于支配地位的控制手段，即合法权力，现在主要是用于维持一般的生产条件，从而使由市场调节的资本能够顺利运行。经济交换变成主要的控制手段。在资本主义生产方式确立以后，国家主权在社会系统内部的运作就会局限于：

(1) 按照民法保护资产阶级的交换(警察和司法)；

(2) 保护市场机制，消除其自我破坏的副作用(比如劳动保护法)；

(3) 满足整个经济的生产前提(公共教育、交通和运输)；

(4) 使民法体系适应资本积累过程的需要(税法、银行法和商业法)。[10]

通过完成这四项任务，国家确保了资本主义再生产过程的发展前提。虽然在传统社会中，系统整合领域和社会整合领域之间已经开始制度分化，但经济系统依然依赖社会文化系统向它输送合法性。只有在经济系统从政治系统中获得相对独立以后，市民社会中才会出现一个摆脱传统束缚，并且纵容市场参与者倾向于策略功利主义行为的领域。相互竞争的企业家们依据竞争获利原则来作出决策，因此他们用利益导向行为(interessengeleitetes Handeln)取代了价值取向行为(wertorientiertes Handeln)。[11]

这种新的组织原则为生产力的解放和规范结构的发展打开了一个广阔的天地。根据资本自我运行的要求，生产方式推动了一种扩大再生产。这种扩大再生产是和提高劳动生产率的创新机制紧密联系在一起的。一旦对体力的剥削，即提高绝对剩余价值达到了极限，为了积累资本就需要发展技术生产力，并在发展过程中把技术上可以利用的知识和反思性的学习过程结合起来。另一方面，已经获得自律的经济交换也减轻了政治制度的合法性压力。自我调节的市场流通体系需要其他方面的补充，这不仅包括合理的国家行政体系和抽象的法律体系，而且也包括社会劳动领域中具有策略功利主义特征的道德体系；在私人领域中，这种道德体系和新教伦理以及形式主义伦理是融合在一起的。资产阶级意识形态可以具有普遍主义的结构，并且呼吁普遍化的利益，因为所有制秩序已经抛弃了政治形式，转变为一种似乎能够使自身合法化的生产关系。市场制度可以建立在等价交换的公平原则上。因此，资产阶级民主法治国家同样也可以在这种合法的生产关系当中找到替自己辩护的理由。这就是洛克(John Locke)以来理性自然法的核心内容。生产关系可以和似乎“授命于天”的传统统治秩序脱离开来。

当然，价值形式的社会整合作用也只能限于资产阶级。新兴的城市无产者主要来自农民。他们的忠诚和服从更多的是靠传统主义的束缚、听天由命的顺应心理以及缺乏远见和赤裸裸的压制等因素来共同维持的，而不是依靠对资产阶级意识形态的信服。但是，这并没有削弱这种新型意识形态的社会整合意义，[12]这是一个不再承认个人政治统治的社会。因为，随着阶级统治在政治上的匿名化，也就出现了这样一个问题，即社会统治阶级必须认识到自己已经不再具有统治地位。普遍主义的资产阶级意识形态要想完成这一使命，就必须：

(1) 科学地建立在传统批判的基础上；

(2) 具有一种模式特征，也就是说，能够预设一种社会状况，其可能性从一开始就不会被能动发展的经济社会所否定。

可是，更加值得注意的是，市民社会必须对观念与现实之间明显存在的矛盾作出反应。因此，对市民社会的批判主要也就表现为：把观念与现实加以对照，以此来揭示资产阶级意识形态的本质特征。尽管如此，资本主义社会的组织原则还是取得了异乎寻常的成就。它不仅解放了经济系统，使之摆脱了政治系统，摆脱了社会整合的亚系统的束缚，而且使经济系统在完成系统整合任务的同时，为社会整合作出了贡献。由于这些成就，当控制问题直接威胁到认同的时候，社会系统面临危机的可能性也就大大增加了。我所说的就是这个意义上的“系统危机”(Systemkrise)。

由于经济发展处于自发状态(naturwuchsig)，因此，社会组织原则不会束缚生产力的解放。同样，规范结构也获得了广阔的发展空间，因为这种新型的组织原则在历史上第一次容纳了普遍主义的价值系统。但是，这种组织原则和交往伦理学(kommunikative Ethik)是格格不入的；因为交往伦理学不仅要求规范具有普遍性，而且要求通过话语来对规范利益的普遍性达成共识。这种组织原则把阶级矛盾的潜在冲突转移到了控制层面上，以经济危机的形式表现出来。自由资本主义的典型特征表现为：繁荣、危机和萧条不断交替。建立在雇佣劳动和资本关系当中的利益冲突并没有直接表现为阶级冲突，而是表现为积累过程的中断，也就是说，表现为控制问题。从这种经济危机的逻辑中，我们可以归纳出一种具有普遍意义的系统危机概念。

表3概括了上文扼要介绍的组织原则与相应的危机类型之间的关系。

表3

社会形态	组织原则	社会整合与系统整合	危机类型
原始社会	亲缘关系：原始角色(年龄、性别)	社会整合与系统整合没有分化	外因诱发的认同危机
传统社会	政治阶级统治：国家权力与社会—经济阶级	社会整合与系统整合发生功能分化	内因决定的认同危机
自由资本主义社会	非政治阶级统治：雇佣劳动与资本	具有系统整合功能的经济系统也承担起了社会整合的任务	系统危机

组织原则把可能进化的空间确定在三个发展纬度(生产、控制、社会化)上，因此也就同时决定了以下三种情况是否会发生，如果发生，那么：

（1）社会整合和系统整合在功能上如何分化；

（2）系统整合受到威胁的时候，何时才能危及到社会整合，也就是说，何时才能导致危机；

（3）控制问题怎样才能转变为对认同的威胁，也就是说，何种类型的危机占据支配地位。

注　释：

[1]　贝尔(D. Bell)："后工业社会：一种观念的演变"(The Post-Industrial Society: The Evolution of an Idea)，载《眺望》(*Survey*)，1971，第 102 页及以下诸页。

[2]　帕森斯(T. Parsons)："社会"(Societies)，载《进化视角与比较视角》(*Evolutionary and Comparative Perspectives*)，Englewood Cliffs，1966；伦斯基(G. Lenski)：《权力与特权》(*Power and Privilege*)，New York，1966；萨林斯(M. Sahlins)：《生存，进化与文化》(*Service, Evolution and Culture*)，Ann Arbor，1968；其余文献请参阅埃德：《社会进化的机制》。

[3]　列维-斯特劳斯(Levi-Strauss)：《野性思维》(*Das Wilde Denken*)，Frankfurt，1968；萨林斯：《石器时代的经济学》(*Stone Age Economics*)，Chicago，1972。

[4]　卡奈罗(R. L. Caneiro)："论国家的起源"(A Theory of the Origin of the State)，载《科学》(*Science*)，1970，第 733 页及以下诸页。

[5]　同上书，第 736 页及以下诸页。

[6]　我所说的不是现代资产阶级民法意义上的"私有"(privat)，而且"特权"支配意义上的"私有"。

[7]　请参阅里德尔(M. Riedel)对这个概念历史的研究：《黑格尔法哲学研究》(*Studien zu Hegels Rechtsphilosophie*)，Frankfurt am Main，1969；《黑格尔论市民社会与国家》(*Bürgerliche Gesellschaft und Staat bei Hegel*)，Neuwied，1970。

[8]　韦伯(Max Weber)：《经济与社会》(*Wirtschaft und Gesellschaft*)，Köln，1956，第 1034 页及以下诸页。

[9]　请参阅卢曼："短缺、货币与市民社会"(Knappheit, Geld und die bürgerliche Gesellschaft)，载《社会科学年鉴》(*Jahrbuch für Sozialwissenschaft*)，1972，第 186 页及以下诸页。

[10]　这种理论模式是用来描述一个十分复杂的社会发展过程的极点。关于资本主义的历史的系统描述，请参阅多布(M. Dobb)：《资本主义发展论》(*Studies in the Development of Capitalism*)，London，1947。

[11]　关于"利益导向"与"价值取向"概念，请参阅哈贝马斯、卢曼：《社会理论还是社会技术学？》，第 251—252 页。

[12]　布鲁纳(O. Brunner)："意识形态时代"(Das Zeitalter der Ideologien)，载：《社会史的新路线》(*Neue Wege zur Sozialgeschichte*)，Göttingen，1956；伦克(K. Lenk)编：《意识形态》(*Ideologie*)，Neuwied，1961。

第四章

系统危机——以自由资本主义危机周期为例

在自由资本主义社会里，危机的形式表现为无法解决的经济控制问题。系统整合面临的危险直接威胁着社会整合。这就充分证明经济危机是值得讨论的。原始社会里也存在着类似的情况，因为家庭组织原则不允许系统整合和社会整合分离开来。传统社会中出现的功能分化，尽管在向现代社会过渡过程中没有停止，但只有在自由资本主义社会中，社会整合的任务才真正被转交给市场这个非政治的控制系统。具体方式是，（最初在资产阶级身上）发挥合法性作用的传统因素（如理性的自然法、功利主义），会对基本的意识形态，即等价交换的意识形态产生依赖。在传统社会里，危机仅仅在下述时刻才会发生，即在组织原则所限定的活动范围内，控制问题无法解决，从而对系统整合构成威胁，并危及到社会认同本身。相反，在自由资本主义社会里，经济增长差不多定期会产生控制问题，由于本身一时无法得到解决，而且危及着社会整合，因此，危机变成了一种局部的痼疾。由于社会转型的加速造成了持续的不稳定，导致社会分裂的周期性的控制问题不仅奠定了资产阶级危机意识的客观基础，而且也使雇佣工人对革命充满了希望：迄今为止，还没有哪个社会形态像这样处于对系统突变的恐惧和期待当中，尽管快速变革的观念，即革命的观念与作为持久危机的系统危机的运动形式真正形成了对比。

社会整合功能之所以能被转交给主要行使系统整合功能的亚系统，仅仅是由于在自由资本主义社会里，阶级关系是通过劳动市场而制度化的，因此也就失去了其政治意义。由于社会财富的源泉，即工人的劳动力变成了商品，而且社会资本是在雇佣劳动的条件下再生产的，所以劳动过程和交换过程都具有马克思所分析的二元性：劳动过程在生产使用价值的同时，也生产交换价值；交换过程通过货币机制调节着劳动力和商品的分配，从而促使资本的形成和自我运作。因此，市场就承担着双重功能：一方面，它是社会劳动系统中的控制机制，而社会劳动系统受到货币这个媒介的控制；另一方面，它把生产资料所有者和雇佣工人之间的权力关系加以制度化。由于资本家的社会权力被固定为一种私人劳动契约形式的交换关系，对可被私人占有的剩余价值的榨取取代了政治上的依附关系，因此，市场不仅具有控制论意义上的功能，同时也具有意识形态的功能：阶级关系可以表现为一种非政治形式的雇佣依附关系，因而具有一种无名的力量。因此，在马克思那里，对价值形式的理论分析就具有双重任务：一方面是揭示市场经济交换过程中的控制原则，另一方面是揭示资产阶级社会中的基本意识形态。价值学说（Werttheorie）既分析经济系统的功能，也对阶级统治的意识形态加以批判，并且还证明劳动市场上根本没有什么等价交换可言，以此来揭示阶级统治对于资产阶级意识自身的蒙蔽。市场确保生产资料所有者拥有民法所认可的私人占有和自由支配剩余价值的权力。但是，充满危机的积累过程很自然地就会暴露出潜伏在这种生产方式中的“矛盾”。经济增长伴随着周期性的危机，因为转移到经济控制系统中的阶级结构，把阶级利益的矛盾转变为系统命令之间的矛盾。在选择这种说法的时候，我们使用了两种不同理论框架中的“矛盾”（Widerspruch）概念。为了避免误解，我想先做一点概念上的解释。

矛盾这一范畴已经完全走了样，通常被当作是“对抗”（Antagonismus）、“对立”（Gegensatz）或“冲突”（Konflikt）的同义词。然而，按照黑格尔和马克思的原意，冲突仅仅是一种基本逻辑矛盾的表现形式和经验方面。在行为系统中，根据一些有效的规则会产生互不相容的要求或意图。只有参照这些规则才能理解冲突。然而各种要求和意图之间的矛盾与各种陈述之间的矛盾有着不同的含义。因为有两种截然不同的规则系统，一种是表达的规则系统，即表现意图的意见和行为的规则系统，另一种是我们建立和改变陈述形式而又不损害其真实内容时所依据的规则系统。换言之，一个社会的深层结构不是狭义上的逻辑结构。但是，表达总是要使用命题内容。因此，能够用来讨论“社会矛盾”的逻辑应该是一种在言语行为(Sprechakt)和其他行为中所使用的命题内容的逻辑。它应该充分关注具有言语和行为能力的主体相互之间的交往关系。因此，这与其说是一种逻辑学，不如说是一种普遍语用学(universale Pragmatik)。[1]

只有当社会的组织原则迫使具有根本不可调和的要求与意图的个人和群体在这个系统中不断彼此对立时，我们才可以说这样一个社会存在着“基本矛盾”(Grundwiderspruch)。阶级社会的情况正是如此。只要要求和意图的不可调和性尚未被社会参与者所意识到，冲突就是潜在的。当然，这种强行整合起来的行为系统需要有一种意识形态的辩护，来掩盖合法满足需求机会的不均等，掩盖对需求的压制。于是，参与者之间的交往就遭到彻底的歪曲或堵塞：在强行整合的条件下，矛盾不可能表现为敌对双方所宣布的意图之间的矛盾，也不可能用策略行为来解决。相反，它表现为一种矛盾的意识形态形式，这是主体自以为在追求的意图与他们无意识的动机或基本利益之间的矛盾。只要人们意识到那种不可调和性，冲突就会表现出来：不可调和的意图就会被认为是对抗的利益。[2]

系统论也涉及可能造成不可调和状态的规则系统的逻辑。当既定环境中产生的问题超过了系统控制能力的时候，就会出现在逻辑上可以推演出来的矛盾；要求系统结构必须有所改变，否则就会导致毁灭，即要求改变或放弃某些一直发挥作用的因素。这些“矛盾”是从系统维持角度提出来的。因此，与辩证法的矛盾完全不同，它们不是从一开始就涉及具有言语和行为能力的主体或主体构成的群体之间的交往关系。在系统论的框架里，冲突也可以说是系统问题得不到解决的一种表现。但是，保留下来的“矛盾”一词不应抹杀自我调节系统的逻辑和日常语言交往的逻辑之间的差别。

不是根据交往理论或系统论来描述的冲突是一些与真理无关的经验现象。只有当我们从交往理论或系统论的角度来把握这些对立时，这些经验现象才与逻辑范畴有一种内在联系。如果系统整合问题有若干具体而且功能相似的解决办法，那么，这些问题就会容纳真理。当然，对于观察者来说，主要是存在着控制问题与真理的关系。而对于该行为系统的参与者来说，这种关系就不那么必要了。冲突可以说是社会整合问题的具体表现，但社会整合问题也能容纳真理，因为相互竞争的要求可以被理解为对具有普遍约束力的行为规范的支持(和反对)，这点或许可以根据它们相互竞争的有效性要求，在实践话语中加以判断。但是，无论是对于社会学家来说，还是所分析的行为系统的成员自己来说，系统产生的利益冲突都与真理之间存在着一定的联系。因此，与系统分析不同，批判所针对的是能够被启蒙的接受者的意识。[3]

阶级结构决定着从对社会生产财富的特殊占有中所产生出来的矛盾。在传统社会里，这些矛盾直接表现为活跃各方的利益冲突。而在自由资本主义社会里，阶级对抗反映在控制问题中，这样就出现了一种动态现象：因为在资本主义生产方式中，社会获得了相对持续发展生产力的能力，所以，经济危机就标志着一种充满危机的经济增长模式。

按照马克思的分析，资本积累是与剩余价值的占有联系在一起的；这就意味着，经济增长是依靠这样一个机制来调节的：这种机制在建立社会权力关系的同时，也部分地遮蔽了这种关系。由于价值的生产是通过对剩余价值的私人占有来控制的，于是便出现了一种螺旋式上升的矛盾，这可以用系统论来加以重建。资本的总体积累过程包括资本各个因素的周期贬值。这种发展形势就是危机周期(Krisenzyklus)。

从资本积累的角度来看，这种自我否定的发展模式具体表现为：一方面，大量的交换价值和使用价值(即资本和社会财富)，通过提高相对剩余价值，即通过既能使资本增值，又能减少开支的技术进步而积累起来。另一方面，在每一个新的积累阶段上，资本构成的变化都不利于唯一能够继续生产剩余价值的可变资本。由此，马克思推导出了利润率下降的趋势以及积累过程的动力持续减弱的趋势。

从资本实现的角度来看，同样的矛盾表现为：一方面，在每一个新的积累阶段，随着剩余价值的增多，潜在的社会财富也在增长；但另一方面，大众的消费能力以及与此相关的资本运作机会也会有同样程度的提高，但前提是资本拥有者必须放弃相应比例的私有剩余价值。因此，由于缺少资本实现的可能性，或缺少对投资的刺激，积累过程就必定会陷于停滞。

资本积累过程的中断表现为资本的毁灭。这是实际社会过程的经济表现形式。实际社会过程剥夺了各个资本家的财产（竞争），也剥夺了劳动大众的生计工具（失业）。经济危机直接转变为了社会危机，因为在揭示社会阶级对立的过程中，经济危机从意识形态的角度对只是在表面上摆脱了权力的社会交往领域的自我表现进行了实际批判。经济危机源于矛盾的系统命令，并因此威胁着社会整合。同时，经济危机也是一种社会危机，在此危机中，行为集团的利益相互冲突，并且对该社会的社会整合提出了质疑。

经济危机是世界历史上关于系统危机的第一个，或许也是唯一的一个例证。系统危机的特征在于：处于互动关系中的成员之间的辩证矛盾具体表现为结构所无法解决的系统矛盾或控制问题。通过把利益冲突转移到控制系统层面，系统危机却获得了一种十分鲜明的客观性。它们具有从目的理性行为系统中心迸发出来的自然灾难的特征。在传统社会里，社会阶级之间的对抗是用意识形态的各种意识形式来调和的，因而具有一种错觉环境中的命定客观性；但在自由资本主义社会里，阶级对抗从生活世界的主体间性转移到了生活世界的基础：商品拜物教既是一种世俗化的残余意识形态，又是经济系统中具有实际功能的控制原则。这样，经济危机也就失去了能够自我反思的宿命论特征，而获得了不可解释的偶然自然事件的客观性。意识形态的核心也因此而转移到了基础层面。在这种意识形态核心被反思摧毁之前，这些事件所需要的是对系统过程的客观考察。马克思的政治经济学批判就反映了这种需要。[4]

虽然价值学说也应当履行批判商品拜物教以及市民社会[5]所衍生出来的文化现象的使命，但它更直接的是对经济再生产过程的系统分析。因此，价值学说的基本概念是这样建立起来的：即从自相矛盾的资本积累理论中产生出来的命题，可以转化为阶级理论的行为理论观点。马克思为自己保留了把资本运作的经济过程转化为阶级之间的社会过程的可能性，而资本运作是在阶级结构范围内进行的。马克思不愧是《资本论》（*Kapital*）和《路易·波拿巴的雾月十八日》（18. *Brumaire*）的作者。但正是这种把经济分析转换到社会学上的内在方法，在条件发生变化的有组织的资本主义时代里遇到了许多困难。资本主义是否已经发生变化？[6]这个问题一直没有得到令人满意的答案。现在我想把这个问题再次提出来：资本主义社会形态的基本矛盾在有组织的资本主义表现形式中是否保持不变，并且继续有效？或者说，危机的逻辑是否发生了变化？资本主义真的彻底转变为克服了充满危机的经济增长方式的后资本主义社会形态了吗？

注　释：

[1] 请参阅拙文："关于交往资质理论的准备研究"（Vorbereitende Bemerkungen zu einer Theorie der kommunikativen Kompetenz）。

[2] 皮洛特（H. Pilot）试图建构一种类似的"辩证法"，请参阅其"哈贝马斯的经验证伪历史哲学"（J. Habermas' empirisch falsifizierbare Geschichtsphilosophie），载：《德国社会学中的实证主义之争》（*Der Positivismusstreit in der deutschen Soziologie*），Neuwied，1969，第 307 页及以下诸页，以及第 310—311 页。

[3] 哈贝马斯：《认识与兴趣》（*Erkenntnis und Interesse*），Frankfurt am Main，1968，第 234 页及以下诸页。

[4] 诺伊恩多夫（H. Neuendorff）：《兴趣概念》（*Der Begriff des Interesses*），Frankfurt am Main，1973。

[5] 今天，阿多诺的著作成为了文化批判的典范，这种文化批判不断回过头来批判商品拜物教，请参阅阿多诺（T. W. Adorno）："文化批判与社会"（Kulturkritik und Gesellschaft），载：《多棱镜》（*Prismen*），Frankfurt am Main，1955，第 7 页及以下诸页。

[6] 都留重人（S. Tsuru）：《资本主义变了吗？》（*Has Capitalism Changed?*），Tokio，1961。

第二部分

晚期资本主义的危机倾向

从自由资本主义到有组织的资本主义的过渡是一个极其复杂的过程，而且各国的情况也千差万别，对于这一点，本部分将不予讨论。[1]我在这里所要探讨的重点是一种关于有组织的资本主义主要结构特征的模式（第一章），以便由此来推论出这种社会形态中可能出现的危机倾向的类型（第二章和第三章）。用经验来判断在何种条件下可能存在的危机倾向真正会产生出来并且蔓延开来，这并不是一件很容易的事情。迄今为止，我们所能掌握的经验资料还不够充分。因此，我将仅限于介绍一些重要的论点和反对观点（第四至七章）。毋庸讳言，这样一种论点评述并不能取代经验研究，而最多只能为经验研究指引方向。

注　释：

[1] 请参阅霍布斯鲍姆（E. Hobsbawm）：《欧洲革命》（*Europäische Revolution*），Zürich，1962。

第一章

晚期资本主义的叙述模式

“有组织的资本主义”(organisierter Kapitalismus)或“由国家调节的资本主义”(staatlich geregelter Kapitalisimus)等说法是指这样两类现象，它们可以归之于积累过程的高级阶段：一方面，是指经济的集中过程(全国性公司以及跨国公司的先后兴起[1])和商品市场、资本市场以及劳动市场的组织化。另一方面，则是指这样一个事实：随着市场功能缺口的不断增大，国家开始对市场进行干预。寡头垄断市场结构的增大，当然意味着竞争资本主义(Konkurrenzkapitalismus)的终结。然而，无论各公司如何扩大它们暂时的前景和加强对环境的控制，只要投资决策是依据企业利润的标准来作出的，那么，市场的控制机制就依然在发挥作用。同样，用国家干预来补充和部分取代市场机制标志着自由资本主义(Liberalkapitalismus)的终结。然而，无论商品所有者的私人商业活动在多大程度上受到行政的限制，只要整合社会的有效秩序完全是自发形成的，也就是说，完全是私人经营策略的间接后果，那么，用政治计划对有限的资源进行配置就是不可能的。在发达资本主义社会里，经济系统、行政系统和合法性系统的特点大体上可以概括如下。

1. 经济系统(Das ökonomische System)

20世纪60年代，许多学者以美国为例，提出了一种三部门模型(Dreisektorenmodell)，其基础是把私人部门和公共部门区分开来。[2]

根据这个模型，私有经济的生产是以市场为取向的，其中，一部分一直还受着竞争的调节，另一部分则受制于寡头垄断的市场策略，容许竞争边缘地带的存在。相反，在公共部门中，尤其是在军火和航天工业中，则出现了一批在投资决策时几乎不考虑市场的大公司。这些大公司或者是由国家直接控制的企业，或者是靠政府订单生存的私人公司。在垄断部门和公共部门中，资本密集型行业占主导地位，在竞争部门中，劳动密集型行业占主导地位：前者的资本有机构成要高于后者。在垄断部门和公共部门中，企业面对着强大的工会。在竞争部门中，工人的组织要差一些；工资水平也相应地不统一。在垄断部门中，我们可以看到生产的进步相对比较迅速。而在公共部门中，企业则无需同样程度地合理化。在竞争部门中，企业则不可能合理化。[3]

2. 行政系统(Das administrative System)

国家机器履行着许多经济系统的职责。这些职责可以分为两个方面：一方面，国家机器用总体计划来调节整个经济循环过程；另一方面，则创造和改善利用剩余资本的条件。

总体计划具有正反两方面的意义，它既受到生产资料私人占有的限制(因为不能限制私有企业的投资自由)，同时又避免了各种不稳定因素。从这个意义上讲，财政政策和货币政策调节经济循环的措施，以及旨在调节投资和总体需求的各项措施，比如信贷、价格控制、补贴、贷款、收入的二次分配、受经济景气政策指导的政府合同、间接的劳动市场政策等，所有这些都具有一种在目标系统框架内回避策略的回应性质。这种目标系统应当在保持增长、稳定币值、充分就业以及外贸平衡等相互冲突的要求之间取得平衡。

总体计划控制着私人企业决策的边界条件(Randbedingungen)，以便来校正市场机制，避免导致功能失调，但是，国家在创造和改善利用剩余资本的时候，实际上也就取代了市场机制，具体表现为：

——非生产性的政府消费（如军事工业和航天工业）；

——通过政策倾斜把资本引向被市场忽略的部门；

——改善物质基础设施（如交通、教育、卫生、疗养中心、城市和社区规划、住宅建设等）；

——改善非物质基础设施（如大力支持科学研究、对研究和发展进行投资、专利推广等）；

——提高人的劳动生产率（普教系统、职业教育系统以及培训和转训系统等）；

——补偿私人生产所造成的社会损失和物质损失（失业救济、社会福利、环境保护等）。

一个国家在国际市场上地位的改善，政府对非生产性商品的需求以及引导资本流向的措施等，所有这些都创造和改善了投资环境。和其他措施（上面所列举的措施除外）比较起来，尽管这些所取得的都是一些次要效果，但其目标是要通过提供集体消费的商品和加强对劳动力的培训，来提高劳动生产率，进而增加资本的使用价值。

3. 合法性系统（Das legitimatorische System）

由于市场在功能上暴露出了诸多的弊端，这种控制机制在功能失调的情况下也导致了许多副作用，因此，公平交换这一基本的资产阶级意识形态也就崩溃了。经济系统与政治系统的重新结合，在某种程度上使生产关系重新政治化了，因此也就更加需要加以合法化。与自由资本主义不同，（晚期资本主义阶段的）国家机器不再只是一般的生产保障条件，也就是说，不再是保证再生产顺利进行的前提，而是积极地介入到再生产过程当中；同前资本主义国家一样，这种国家机器也需要合法化，而且现在已经没有可能再依赖资本主义发展过程中已经被破坏和消耗掉的传统因素。此外，借助于资产阶级意识形态的普遍主义价值系统，公民权利，包括参与政治选举的权利，普及开来了。因此，只有在特殊情况下，才能暂时把创造合法性同选举机制脱离开来。由此而出现的问题是通过形式民主（formale Demokratie）系统来加以解决的。公民参与政治意志形成过程，即实质民主（materiale Demokratie），必定会使人们意识到社会化管理的生产与私人对剩余价值的继续占有和使用之间所存在的矛盾。为了不让这种矛盾暴露出来，行政关系系统就必须充分独立于具有合法性功能的意志形成过程。

形式民主的制度与程序的安排，使得行政决策一直独立于公民的具体动机之外。这是通过合法化过程实现的；合法化过程诱发了普遍化的动机，即内容各不相同的大众忠诚，但同时避免了群众的参与。[4]资产阶级公共领域（buergerliche Öffentlichkeit）的结构转型为形式民主的制度和程序创造了应用条件，在这些条件下，公民在一种客观的政治社会中享有的是消极公民的地位，只有不予喝彩的权利。[5]私人自主的投资决策在公众的公民私人性中获得了必要的补充。

在失去政治结构的公共领域里，合法性被压缩成了两个剩余的需求：第一，公民私人性，即对政治冷漠，而转向关注事业、休闲和消费（参阅第二部分第七章），助长了在系统内获得适当回报的期望（主要表现为金钱、休闲时间以及安全感）。社会福利国家的补偿纲领就考虑到了这种私人性，这个纲领也包括了转换到教育系统中的各种劳动意识形态（Leistungsideologie）因素。[6]第二，结构失去政治意义本身就需要证明，或是用精英理论（Elitetheorie），或是用科技专家治国论（technokratische Systemtheorie），前者可以追溯到熊彼特（J. Schumpter）和韦伯（Max Weber）那里，[7]后者则可以追溯到20世纪20年代的制度主义学派（Insitutionalismus）[8]。在资产阶级社会科学历史上，这些理论在今天所起的作用类似于当年古典政治经济学所起的作用。在资本主义发展的早期阶段，古典政治经济学揭示了资本主义经济社会所具有的自发性。

4. 阶级结构(Klassenstruktur)

在传统社会里，生产关系的政治形式使得人们很容易分辨各个统治集团。但在自由资本主义社会里，明显的统治被匿名形式的私人政治权力所取代(当然，在经济所引发的社会危机时期，这种匿名形式的私人政治权力会再次表现为一种可识别的政治反对形式，这点在欧洲工人运动阵营中看得很清楚)。在有组织的资本主义社会里，生产关系尽管在一定程度上被重新政治化，但阶级关系的政治形式却并没有因此而恢复起来。相反，阶级统治的政治匿名性被社会匿名性取代了。也就是说，晚期资本主义的结构可以说是针对局部危机的反应结构。为了避免系统危机，晚期资本主义社会把社会整合的全部力量都集中用于最可能出现结构冲突的地方，以便更有效地使冲突保持在潜在状态。[9]与此同时，为了做到这一点，它们也满足了改良主义劳工政党的政治要求。[10]

在这方面，由企业组织和工会组织谈判所决定的准政治性的工资结构在历史上起到了划时代的作用。霍夫曼(W. Hofmann)所说的“权力价格的形成”(Machtpreisbildung)取代了寡头垄断市场中的价格竞争，并且在劳动市场上也有着相应的机制。那些庞大的康采恩用准行政手段控制其销售市场的价格波动，同样，它们也与工会就工资变动达成准政治性的妥协。[11]垄断部门和公共部门的行业是经济发展的支柱。在这些行业中，劳动力商品获得了一种带有“政治”色彩的价格。“劳资双方”(Tarifpartner)找到了一个更大的妥协范围，因为提高的劳动成本可以通过价格来补偿，而且，对国家的要求能够在中期取得一致，这些要求旨在提高生产率，提高劳动力的素质和改善工人的社会状况。垄断部门似乎可以把阶级冲突公开表现出来。

这种使冲突发源区避开麻烦的做法带来了如下后果：

(1) 形成多种工资和(或)加剧公共事业部门中的劳资纠纷；[12]

(2) 导致持续的通货膨胀，同时使收入的暂时再分配不利于无组织的工人及其他边缘集团；

(3) 导致政府财政的持续危机和公共事业的困窘(如公共交通、教育、住宅建设和医疗保健条件等的恶化)；

(4) 不能对部门(农业)和地区(边缘地区)之间失衡的经济发展进行充分的调节。[13]

第二次世界大战之后的几十年里，最发达的资本主义国家都成功地在关键领域中使阶级冲突保持在潜在状态，这里撇开 1968 年的巴黎五月事件不论；成功地延长了经济周期，把周期性的资本贬值变成了比较和缓的持续通货膨胀危机，并且还广泛地消除了经济危机的功能紊乱副作用，把副作用分散到准集团中(如消费者、学生及其家长、交通使用者、病人、老人等)，或没有什么组织的自然人群中。通过这种方式，各阶级的社会身份就被打破了，阶级意识也变得支离破碎。阶级妥协成为了晚期资本主义结构的一个组成部分，这样就(几乎)使得每一个人既是参与者，又是当事人。当然，由于财富和权力的分配明显(而且愈益)不平等，我们很容易区分：哪些人更多地属于参与者，哪些人则更多地属于当事人。

自由资本主义时期形成的阶级结构和组织原则是否通过阶级妥协发生了变化，如果发生了变化，又是如何变化的？这个问题不能从社会系统中的有限原则和货币机制所发挥的作用来加以考察。[14]因为地产和劳动在资本主义社会中的货币化，以及“原本与货币形式无关的使用价值和生活领域的逐渐货币化”，并不能充分说明交换一直是控制社会关系的主要手段。[15]从政治上提出的占有使用价值的要求摆脱了商品形式，即使这些要求是用货币形式来满足的。对于阶级结构来说，关键在于，处于依附地位的工人的实际收入是否一直受到一种交换关系的决定，或剩余价值的生产和占有是否受到政治权力关系的限制和修正，而并非单纯取决于市场机制。

一种关于晚期资本主义的理论必须努力解释以下问题：

首先：

——晚期资本主义的结构是否为具有特殊目的的社会化生产的矛盾提供通过进化而加以自我改造的空间？

——如果提供了这样一个空间，那么，导致这种方向的发展动力又是什么？

——如果没有提供这样一个空间，那么，暂时受到压制但并未得到解决的阶级对抗又表现为何种危机倾向呢？

其次：

——晚期资本主义的结构是否能够长期避免经济危机？

——如果不能，那么，经济危机是否会像马克思所期待的那样，导致社会危机，并进而导致政治危机？换言之，是否会在世界范围内导致革命斗争？

——如果不能，那么，经济危机到底转移到了什么地方？

最后：

——转移的危机是否会保留系统危机的形式？或者说，我们是否必须考虑到会存在其他不同、但相互有着联系的危机倾向呢？

——如果的确有其他危机倾向存在，那么，哪些危机倾向在哪些社会群体中会造成异常行为？

——预期的失范潜力是否允许有一定目的的政治行为存在，或者说，是否会导致亚系统的功能紊乱？

目前，我还看不出如何能够令人信服地解决这个关于晚期资本主义自我改造的可能性问题。但我并不排除有可能长久地避免经济危机，尽管只有唯一的办法，即在要求资本实现的压力中所体现出来的相互矛盾的控制命令产生了一系列其他的危机倾向。不断干扰资本主义增长的倾向可以用行政手段来加以处理，和通过政治手段被转移到社会文化系统里。我认为，具有特殊目的的社会化生产矛盾就会因此而再次直接采用一种政治形式，当然，不是那种政治阶级斗争的形式。因为，在晚期资本主义社会里，政治的基础是已经得到处理并且被压制下去的系统危机，所以随着政治意识的零散化和政治同盟的不断变化，各种争端就会不断出现，而且可以改变阶级妥协的条件。因此，阶级结构是否以及在多大程度上能够被消解，资本主义组织原则自身内部的矛盾是否以及在多大程度上会受到影响，这就要看实际的权力格局了。

接下来我想对晚期资本主义社会中可能出现的危机倾向作一个抽象的分类。

注　释：

[1] 海默(St. Heymer)："跨国公司与不平衡发展规律"(Multinationale Konzerne und das Gesetz der ungleichen Entwicklung)，奥康纳(J. O'Connor)："经济帝国主义的意义"(Die Bedeutung des ökonomischen Imperialismus)，均载桑哈斯(D. Senghaas)编：《帝国主义与结构权力》(*Imperialismus und strukturelle Gewalt*)，Frankfurt am Main，1972。

[2] 里根(M. D. Reagan)：《管制经济》，(*The Managed Economy*)，New York，1963；肖恩菲尔德(A. Shonfield)：《现代资本主义》(*Modern Capitalism*)，London，1965；克罗瑟(P. K. Crosser)：《美国经济中的国家资本主义》(*State Capitalism in the Economy of the U. S.*)，New York，1960；加尔布雷思(J. Galbraith)：《新兴工业国家》(*The New Industrial State*)，London，1967；韦登鲍姆(M. Weidenbaum)：《现代公共部门》(*The Modern Public Sector*)，New York，1969；梅尔曼(S. Melman)：《五角大楼资本主义》(*Pentagon Capitalism*)，New York，1970。

[3] 奥康纳：《国家的财政危机》(*The Fiscal Crisis of the State*)，S. Francisco，1973。奥康纳的三部门模型是以美国为参照的，因此，若应用于德国和其他欧洲国家，必须作一些修改。关于对这个问题的思考，请参阅罗德尔(U. Rödel)：《价值学说的状况以及价值学说危机理论的可能性综论》(*Zusammenfassung kritischer Augumente zum Status der Werttheorie und zur Möglichkeit einer werttheoretischen Krisentheorie*)，手稿，MPIL。

[4] 关于"创立合法性"的功能主义概念，请参阅帕森斯："投票与美国政治制度的平衡"(Voting and Equilibrium of the American Political System)，载布尔迪克(Burdick)、布罗德贝克(Brodbeck)：《美国人的投票行为》(*American Voting Behavior*)，Glencoe，1959。

[5] 哈贝马斯、福利德堡(L. v. Friedeburg)、厄勒(Ch. Oehler)、韦尔茨(F. Weltz)：《大学生与政治》(*Student und Politik*)，Neuwied，1961；哈贝马斯：《公共领域的结构转型》(*Strukturwandel der Öffentlichkeit*)，Neuwied，1962。

[6] 哈贝马斯：《技术和科学作为意识形态》(*Technik und Wissenscahft als Ideologie*)，Frankfurt am Main，1968。

[7] 熊彼特：《资本主义、社会主义与民主》(*Kapitalismus，Sozialismus und Demokratie*)，Bern，1950，第 448 页。

[8] 该学派主要有拉特瑙(Rathenau)、伯利(Berle)和米恩斯(Means)。

[9] 奥佛："政治统治与阶级结构"(Politische Herrschaft und Klassenstruktur)，载桑哈斯编：《政治学》(*Politikwissenschaft*)，Frankfurt，1969，第 155 页及以下诸页。

[10] 斯特莱奇(J. Strachey)：《资本主义的今天与明天》(*Kapitalismus heute und morgen*)，Düsseldorf，1957。

[11] 奥康纳：《国家的财政危机》。
[12] 福格特(W. Vogt)："经济停滞理论"(Eine Theorie der ökonomischen Stagnation)，载：《巨灵》(Levithan)，1973，第 2 期。
[13] 奥佛："政治统治与阶级结构"。
[14] 卢曼："短缺、货币与市民社会"。
[15] 罗德尔：《价值学说的状况以及价值学说危机理论的可能性综论》。

第二章

晚期资本主义增长的后果问题

晚期资本主义的高速增长给国际社会（Weltgesellschaft）带来了许多的问题。这些问题虽然不能说是系统所特有的危机现象，但是，解决这些危机的可能性却受到系统的特殊限制。这里我所说的是对生态平衡的破坏，对人格系统一贯要求的损害（异化），以及对国际关系所造成的巨大压力。由于国际社会系统变得愈益复杂，其边界范围已经远远地推进到了其周围环境之中，以至于外部自然和内在自然都达到了承受的极限。生态平衡为增长规定了一个绝对的界限；不那么明显的人类学平衡则规定了另一个界限，如果逾越后一个界限，就会付出改变社会系统的社会文化认同的代价。最后，国际平衡中自我毁灭的危机是一个能够带来破坏力的生产力发展的后果。

1. 生态平衡（Die ökologische Balance）

如果说，经济增长在抽象层面上可以归结为：为了提高人类劳动的生产率，通过技术而越来越多地利用能源，那么，资本主义社会形态的特点就在于，它对经济增长问题的解决比较突出。当然，随着资本的积累，经济增长自发地获得了制度化，以至于根本不存在任何自觉控制该过程的可能性。通过系统竞争和在世界范围内的扩散，资本主义首先追逐的经济增长要求在全球范围内普及开来，尽管在某些第三世界国家中存在着停滞甚至衰退的倾向。[1]

已经建立起来的增长机制造成世界范围内人口和生产的增加。经济增长，就要求人口增多，要求更多地开发和掠夺自然，这样就遇到了两个物质限制：一是不可再生资源，如可开发和居住的土地资源、淡水资源、食品，此外还有不可再生的能源，如矿物、燃料等；二是不可替代的生态系统，生态系统主要是消化污染物，如放射性废料、二氧化碳、废热等。诚然，福里斯特(Forrester)和另一些人对于人口、工业生产、掠夺自然资源等的急剧增长的极限以及环境污染的极限的估计没有充分的经验依据。[2]我们对人口增长机制同对地球消化主要污染物能力的界限一样，都是不甚了了。而且，我们无法准确地预测技术发展的前景，不知道未来在技术上可以使何种能源被取代或更新。

但是，根据乐观的假定，也能指出一种增长的绝对限制，即使暂时还不能作出明确的判断，比如环境消化能源消耗所释放出来的热量极限。[3]如果经济增长必然伴随着更多的能源消耗，如果所有的自然能源都转换为具有经济用途的能源，并最终释放出来成为热能(这是指全部能量，而不仅仅指在传导和转化时所丧失的部分)，那么，越来越多的能源消耗最终必然会导致全球气温的升高。当然，从经验上确定危机阶段是很不容易的，因为我们必须根据经济增长以及能源消耗对气候的影响来决定能源消耗(根据现有的知识，这种危机间隔大约是在75到150年之间)。但这些思考起码表明了一点，这就是人口和生产的急剧增长，即对外部自然进行控制的扩张，总有一天会达到生态环境所能承受的极限。

这点对于所有复杂的社会系统都是有效的，但是，各个社会系统可能采用的避免生态危机的手段则各不相同。资本主义社会如果不抛弃自己的组织原则，就不可能遵循增长限度的律令，因为，从自发的资本主义增长转变为注重品质的增长，就要求根据使用价值来对生产作出规划。但是，生产力的发展如果脱离了交换价值生产的要求，就不可能不触犯到该系统的逻辑。

2. 人类学平衡(Die anthropologische Balance)

与外部自然的社会化过程不同，内在自然的整合没有极限。如果说，对生态平衡的破坏标志着掠夺自然资源的程度，那么，人格系统则没有明确的承受界限。我怀疑是否有可能确定人性中那些限制着内在社会化过程的心理恒定因素。但是，我在社会化过程中看到了一种限制。迄今为止，社会系统就是通过社会化产生出自己的行为动机的。社会化过程贯穿着语言主体间性的结构，决定了一种依靠尚需证明的规范和确保认同的解释系统建立起来的行为组织。这种交往行为组织能够成为复杂决策系统的障碍。和在个别组织中一样，当决策机构在功能上独立于组织成员的动机之外时，社会系统层次上的控制能力同样也会有所增强。在极其复杂的系统中，组织目标的选择与实现必须独立于聚集起来的各种狭隘动机；其目的是要实现一种普遍的赞同意愿。这种意愿在政治系统中表现为大众忠诚(Massenloyalität)。只要我们被迫面对在交往行为组织中约束着内在自然的社会化形式，我们就无法想象会有对任何行为规范的合法化能够保证人们会不假思索地接受某种决定。人们之所以准备服从一种内容尚未确定的决策权力，是因为人们期待这种权力会按照合法的行为规范运作(参阅本书第三部分第五章)。人们准备服从的“根本”动机是一种信念，从而使自己在发生疑问的时候能够得到话语的说服。

由于规范需要合法化，动机则依赖于有说服力的解释，这样就确定了一个界限。要想打破这个界限，就必须把动机与交往行为结构脱离开来：社会化形式以及社会文化系统的认同也就必然会随着发生变化。如果行为动机不再依靠需要加以证明的规范，如果人格系统不必再到确保认同的解释系统中去寻找自身的统一性，那么，不假思索地接受决定就会变成一种无需责备的机械习惯，[4]绝对服从的意愿就会达到随意的程度(我在第三部分将回过头来探讨以下问题，即目前晚期资本主义社会所达到的内在复杂程度是否已经迫使交往行为组织发生瓦解)。

3. 国际平衡(Die internationale Balance)

世界体系(Weltsystem)由于人们使用核武器而面临着自我毁灭的危险。这种危险属于另一种层面上的问题。毁灭能力的积累是生产力高度发展的结果。由于生产力的技术基础是中性的，因此生产力也有可能变成一种破坏力。由于国际交往处于自发状态，这种情况实际上已经发生。在军事行为系统中，各方之间针锋相对，都视对方为外部自然的一个部分；在有组织的殊死战斗中，从肉体上彻底消灭敌人也就成为了最终目的(ultima ratio)。今天，这种系统第一次掌握了一种能够从根本上摧毁世界自然基础的技术能力。因此，国际交往也就要求必须自我克制，而这是历史上所未曾有过的。[5]虽然所有高度军事化的社会系统都做到这一点，它们各自解决这个问题的可能性却有所不同。而且，如果我们注意到资本主义和后资本主义阶级社会背后的动力，就会发现真正的裁军似乎是不可能实现的。但是，只要晚期资本主义社会能够成功地在国家对非生产性用品的需求和增加资本使用价值之间取得平衡，军备竞赛的控制本身与晚期资本主义社会结构之间也就并非水火不相容。

注　释：

[1] 加尔通(J. Galtung)："帝国主义的结构理论"(Eine strukturelle Theorie des Imperialismus)，载桑哈斯编：《帝国主义与结构权力》；弗洛贝尔(F. Fröbel)、亨利希(J. Heinrichs)、克列耶(O. Kreye)、森克尔(O. Sunkel)：《劳动和资本的国际化：发展与低度发展》(*Internationaliserung von Arbeit und Kapital*: *Entwicklung und Unterentwicklung*)，手稿，MPIL。

[2] 米多斯(D. Meadows)：《增长的极限》(*Grenzen des Wachstums*)，Stuttgart,

1972。

[3] 迈耶尔-阿比希(K. M. Meyer-Abich)："经济增长的生态极限"（Die ökologische Grenze des Wirtschaftswachstums)，载《环视》(*Umschau*)，1972，第72卷，第20期，第645页及以下诸页。

[4] 卢曼："政治系统的社会学"（Soziologie des politischen Systems)，载《社会学启蒙》(*Soziologische Aufklärung*)，Opladen，1970，第170页。

[5] 魏茨泽克（C. F. v. Weizsäcker)：《战果与战备》(*Kriegsfolgen und Kriegsverhütung*)，München，1971，导论。

第三章

危机倾向的分类

我们暂且将作为资本主义增长后果的全球性危机撇开不论，而来集中思考系统所特有的危机倾向。各种不同的地方都可能出现危机。同样，危机倾向爆发成为政治事件，其表现形式也各不相同。所谓爆发成为政治事件，是指现有政治系统的合法性遭到了否定。我认为有四种危机倾向，如表4所示。

表4

发源地	系统危机	认同危机
经济系统	经济危机	—
政治系统	合理性危机	合法化危机
社会文化系统	—	动机危机

1. 经济危机倾向(Ökonomische Krisentendenzen)

经济系统需要投入的是劳动和资本，而产出的则是可以消费的价值。长久以来，消费价值都是按照数量和种类在各社会阶层中加以分配的。投入不足所造成的危机不是资本主义生产方式所特有的。自由资本主义所遇到的障碍是产出危机(Output-Krise)。危机周期一再使人们对于合乎系统的价值分配产生了怀疑。这里，具有合法性功能的价值系统的变化范围内所容许的一切负担与报酬的分配模式都是“合乎系统”的。如果在晚期资本主义社会中还继续存在着经济危机倾向，这就表明，国家干预资本运作过程的行为和交换过程一样，也服从于自发的经济规律。因此，它们也受制于经济危机的逻辑，这种经济危机表现为利润率不断下降。根据这个观点，国家用其他手段来继续推行资本政策。[1]表现形式的变化，如政府财政危机、持续的通货膨胀、国有资产与私人财富之间差距的加剧等，都可以归因于这样一个事实，即资本运作过程的自我调节，此时也是通过作为控制中介的合法权力来进行的。但是，由于危机倾向依然是由价值规律，即雇佣劳动与资本交换在结构上的必然不对称所决定的，因此，国家行为不可能弥补利润率下降的趋势。国家顶多对此加以调节，也就是说，国家本身通过政治手段来阻止利润率下降。因此，经济危机倾向也就会表现为社会危机，并且引发政治斗争。在政治斗争中，资本所有者与靠工资为生的大众之间的阶级对立会再次公开化。另一种观点认为，国家机器并不自发地服从于价值规律的逻辑，而是有意识地维护联合起来的垄断资本家的利益。这种代理理论(Agenturtheorie)是针对晚期资本主义的，并不把国家看作是资本运作过程中的一个盲目的机构，而是把国家看作是一个有潜力的集体资本家，从而使资本积累成为政治计划的内容。

2. 政治危机倾向(Politische Krisentendenzen)

政治系统需要尽可能投入各种不同的大众忠诚，所产出的则是由权力机构贯彻的行政决定。产出危机表现为合理性危机(Rationalitätskrise)，即行政系统不能成功地协调和履行从经济系统那里获得的控制命令。投入危机则表现为合法性危机(Legitimationskrise)，即合法性系统无法在贯彻来自经济系统的控制命令时把大众忠诚维持在必要的水平上。尽管这两种危机都产生于政治系统，但它们的表现形式并不一样。合理性危机是一种转嫁的系统危机，与经济危机一样，合理性危机把为非普遍利益而进行的社会化生产的矛盾表现为控制命令之间的矛盾。

这种危机倾向会转变为通过国家机器的瓦解来取消其合法性。相反，合法性危机是一种直接的认同危机（Identitätskrise）。它不是由于系统整合受到威胁而产生的，而是由于下列事实造成的，即履行政府计划的各项任务使失去政治意义的公共领域的结构受到怀疑，从而使确保生产资料私人占有的形式民主受到质疑。

只有在合理性危机取代了经济危机的时候，才有严格意义上的合理性危机。在这种情况下，资本运作问题的逻辑就不只是反映在另一种控制手段，即合法权力的控制手段中。相反，由于市场交换发出的矛盾控制命令被转移到了行政系统中，危机逻辑自身也发生了变化。这一论断有两种说法。一种说法的起点是人们所熟知的论点，即商品生产的无政府状态是市场交换过程所固有的。[2]一方面，在晚期资本主义社会中，对使用行政计划来确保资本运作的需求在不断增大，另一方面，生产资料私人占有则要求国家干预有一定的界限，禁止对资本主义矛盾利益有计划地加以协调。另一种说法是奥佛提出来的。[3]由于国家弥补自我封闭的经济系统的弱点，承担起协助市场的任务，因此，国家控制手段的逻辑就迫使国家不得不允许越来越多的外部因素进入系统。受制于资本运作要求的经济系统所产生的各种问题是无法纳入行政手段控制的领域，并在这一领域中得到处理，而同时又不使这一结构的异质倾向得以扩散的。

公共行政在合理性方面的欠缺，意味着在既定条件下，国家机器不可能充分地控制经济系统。合法性欠缺则意味着，用行政手段无法维持或确立必要的合法性规范结构。在资本主义发展过程中，政治系统的范围不仅推进到了经济系统中，而且也推进到了社会文化系统中。随着组织合理性的扩散，文化传统受到了损害和削弱。但是，传统自身不受行政的控制而继续存在，因为对于合法性具有重要意义的各种传统是不可能用行政手段再造出来的。此外，用行政手段控制文化会产生副作用，原来由传统所确定的，属于政治系统范围条件的意义与规范成为了公开争论的问题。这样，意志形成的话语范围也就扩大了，这一过程将会动摇失去政治意义的公共领域结构，而这种结构对于该系统的继续存在是十分重要的。

3. 社会文化危机倾向
（Soziokulturelle Krisentendenzen）

社会文化系统从经济系统和政治系统那里获得投入，具体表现为可以购买的能够满足集体需要的商品和服务，法律行为和管理行为，公共和社会保障等。其他两个系统的产出危机同时也就是社会文化系统的产出失调，并转化为合法性的丧失。前面所说的各种危机倾向只有通过社会文化系统才能爆发出来。原因在于，一个社会的社会整合依赖于这一系统的产出：直接依赖的是社会文化系统以合法化形式给政治系统提供动机，间接依赖的是社会文化系统向教育和就业系统输送劳动动机。由于社会文化系统和经济系统不同，不能组织自己的投入，因此也就不可能有社会文化系统所产生的投入危机。这里所出现的危机总是产出危机。一旦规范结构发生变化，我们就不得不考虑到文化危机倾向，因为根据规范结构固有的逻辑这种变化会导致下述结果：即以国家机器和就业系统的要求为一方，以社会成员所理解的需求和合法期望为另一方，这二者之间的互补关系被打乱了。合法化危机必须追溯到对合法化的需求。这种需求是由于政治系统发生变化造成的，即使是规范结构保持不变，也会出现这种需求。而现有的合法化又不能满足这种需求。而动机危机则是社会文化系统本身发生变化的结果。

在晚期资本主义社会中，不仅在文化传统的层面上（道德系统、世界观等），而且在儿童教育系统（学校、家庭和大众传媒等）的结构变化层面上，这些危机倾向都有所表现。在这种情况下，国家和社会劳动系统在自由资本主义条件下所依靠的传统被逐渐吞噬，传统主义的基础被剥夺了，而资产阶级意识形态的核心因素则遭到了质疑，公民和家庭—职业的私人性受到了威胁。另一方面，资产阶级意识形态的保留部分(对科学的崇拜、现代机械复制艺术以及普遍主义的价值系统)构成了一种功能紊乱的规范结构。晚期资本主义产生了自己所无法满足的“新”要求。[4]

我们对晚期资本主义可能会出现的危机倾向作了抽象概括，目的是为了用于分析。我认为，如果晚期资本主义社会没有能够从根本上克服资本主义所固有的危机，它们就至少面临着一种可能会出现的危机倾向的威胁。在其他因素不变的情况下，作为资本主义制度基本矛盾的一个后果，会导致下列情况：

——或者经济系统不能生产必要数量的消费价值；

——或者行政系统不能提供必要数量的合理决策；

——或者合法化系统不能提供必要数量的普遍动机机制；

——或者社会文化系统不能产生必要数量的行为动机意义。

所谓“必要数量”，指的是各不同系统(价值、行政决策、合法性以及意义)运作的范围、性能和时间向量。这里并不排除在不同系统以及同一系统不同性能之间存在着替代关系。亚系统的运作是否能被充分地把握和分离出来，对系统运作的批判性需求是否能充分地加以确定，则是另外的问题。从实用主义角度来看，这是难以解决的任务。但是，从原则上讲，如果在社会进化理论框架范围内无法确定社会系统的发展程度，而且，沿着这一路线，社会系统理想状态维持认同的活动范围也无法确定，那么，这个任务才真正是不可解决的。[5]

当然，同样一种宏观现象，也可能是不同危机倾向的表现。每一种危机论点，假如被证明是正确的，都足以解释一种可能存在的危机情况。但是，解释实际存在的危机情况时，可以用多种论点来相互补充。当然，我强调分析的完善性，只是针对危机倾向而言的，而不针对列举解释论点的清单。关于这些解释论点，我想用表5作概要论述。

表 5

危机倾向	解　释　建　议
经济危机	(1) 国家机器不自觉地充当了价值规律的执行机构 (2) 国家机器充当了联合起来的“垄断资本”的计划代理人
合理性危机	行政合理性的破坏是由于： (3) 资本主义不同利益之间的对立 (4) 为了继续生存而产生了与系统异质的结构
合法化危机	(5) 系统局限性 (6) 行政干预文化传统所带来的意外副作用(政治化)
动机危机	(7) 对于维持生存非常重要的传统遭到腐蚀 (8) 普遍主义的价值系统超载(“新”要求)

注　释：

[1] 参阅曼德尔(E. Mandel)：《晚期资本主义》(*Der Spätkapitalismus*)，Frankfurt am Main，1972。

[2] 赫希(J. Hirsch)：《科技进步与政治系统》(*Wissenschaftlich-technischer Fortschritt und politisches System*)，Frankfurt am Main，1970，第 248 页及以下诸页。

[3] 奥佛：“交换关系与政治控制”(Tauschverhältnis und politische Steuerung)，载《资本主义国家的结构问题》，第 27 页及以下诸页。

[4] 马尔库塞(H. Marcuse)在《反革命与造反》(*Conterrevolution und Revolt*，Frankfurt am Main，1973)中阐述了这个观点。

[5] 丢伯特(R. Döbert)：《进化论对于社会科学功能主义的方法论意义——以宗教系统的进化为例》。

第四章

经济危机原理

即使在自由资本主义的制度下，市场也没有独立承担起社会整合的功能。只有在国家能够满足维持资本主义生产的一般前提之后，阶级关系才会表现为非政治性的雇佣劳动和资本的关系。只有当国家具有补充市场机制而非从属于市场机制的功能时，才有可能通过私人对社会生产剩余价值的占有造成非政治统治。资本是在个别资本（最初）无限竞争过程中形成的。但是，维持这种竞争的条件或生产剩余价值的社会基础本身的再生产却不可能用资本手段来实现。它们需要一种与个别资本相对应的非资本家的国家发挥强制性作用，充当代理角色，贯彻竞争领域所无法形成的“集体资本主义意志”。就其非资本主义手段而言，国家限制着资本主义生产；就其功能而言，国家又维持着资本主义生产。只有当国家对经济进行补充的时候，国家才可以说是经济的工具。[1]

这种观点也适用于晚期资本主义的国家机器。[2]当然，根据这个观点，今天的国家不可能仅限于满足生产的一般条件。它还必须对再生产过程本身进行干预，也就是说，它必须为闲置的资本创造利用的条件，提高资本的使用价值，控制资本主义生产的后果和代价，调整阻碍增长的比例失调，通过社会政策、税收政策和商业政策等来调节整个经济循环过程等等；但是，国家干预所发挥的始终还是一种非资本家的工具作用，它所承担的是代理角色，从而推行集体资本主义的意志。

根据这种正统观念（orthodoxe Position），晚期资本主义国家也一直是“理想的集体资本家”（恩格斯语），因为它无法终止商品生产的无政府状态。它能够限制资本主义生产，但它不可能像集体资本主义的计划权威那样控制着资本主义生产。与自由资本主义国家不同，干预主义的国家确实是进入了再生产过程；因此，它不仅保障着生产的一般条件，而且本身也变成了价值规律的一种执行机构。国家行为没有终止价值规律的能动作用，而是听从于价值规律。因此，从长远角度看，行政行为必然会强化经济危机。[3]正如马克思以当代英国劳动保护法为例所指出的那样，阶级斗争虽然能够导致符合雇佣工人利益的法规，但也依然是“资本运动的要素”[4]。

由此看来，政府功能取代市场功能，实际上并没有改变整个经济过程的无意识特性。这点可以从政府调控活动空间的有限性中看出来。国家不能对产权结构进行实质性干预，否则就会引起“投资中断”。从长远看，它也不能消除积累过程的周期性紊乱，即内生的停滞(萧条)倾向。它甚至也不能有效地控制住替代性危机，如经常性的财政赤字和通货膨胀。

反对这种观点的人一般都认为，阶级结构是否已经改变，以及是如何改变的，这一问题只能用经验来回答，而不能预先在分析层次上加以确定。把价值学说的概念策略绝对化，就使得经济危机理论无法接受经验的检验。马克思希望从经济学的角度对资本形成的运动规律加以分析，由此来掌握整个社会系统的危机发展模式(包括政治斗争和国家机器功能)，但他在论证时也只能指出，阶级统治的实现是采取了雇佣劳动与资本相交换的非政治形式。然而，自从维持合法统治的社会整合功能不再通过市场的系统整合功能和前资本主义传统的腐朽残余来实现，而是再次被纳入政治系统，这种难以置信的格局就发生了变化。由于政府现在极力实现控制系统的明确目标，以避免危机，从而使阶级关系丧失了其非政治形式。因此，阶级结构必然是通过围绕着如何使用行政手段对社会产品的增值部分进行分配的斗争来加以维持。在这种情况下，阶级结构就会直接受到阶级斗争的影响。于是，经济过程不能再被认为是一个自我调节的经济系统的内部运动。在自由资本主义制度下，阶级统治差不多已经具有非政治形式。只有在这样的前提下，价值规律才能把交换过程的二元性(控制过程和剥削过程)表现出来。但是，经济过程如何行使权力，行使到什么程度，如何确保剥削，确保到什么程度等，这些问题今天则要看具体的权力格局来决定了，具体的权力格局已不再是由劳动市场的自发机制所预先决定的。今天，国家必须承担一些功能。这些功能既不能用维持生产方式的必要前提来加以解释，也无法从资本的内部运动中推导出来。资本的这种内部运动不再是通过可以用价值学说来把握的市场机制而实现的，而是一直发挥作用的经济动力和政治反向控制的产物；政治反向控制体现的是生产关系的位移。

为了更准确地理解生产关系的位移，我认为有必要根据与经济系统的要求之间的关系，把国家行为分为以下四类，以便加以分析：

1. 要想建构和维持生产方式，就必须实现确保存在的前提条件：国家保护民法系统及财产和契约自由等核心制度；国家保护市场系统，消除其自我毁灭的副作用(比如，实行标准工作日、制定反托拉斯法、稳定货币系统等)；国家满足整个经济生产的前提条件(比如教育、运输和交通等)；国家大力发展本国经济在国际竞争中的能力(比如，贸易政策和关税政策等)；国家对外使用军事力量来维护国家的完整统一，对内则对制度的敌对力量进行军事镇压，以此来实现自身的再生产。

2. 资本的积累过程要求法律系统适应产业组织、竞争、融资等新形式(比如，在银行法和商业法中制订新的法律内容，调节税收制度等)。在此过程中，国家应当把自己限定在通过补充市场而适应发展过程，国家不能直接推动发展过程，只有这样，社会的组织原则和阶级结构才会保持不受影响。

3. 国家补充市场行为应当与国家取代市场的行为区别开来。国家取代市场的行为并没有从法律的角度考虑到独立发生的经济态势，而是在对经济动力的弱点作出反应时，使得依靠自身的动力无法再自发前进的积累过程持续发展下去，由此创造新的经济态势，其方式或者是创造和改善投资机会(如政府对非生产性商品的需求)，或者是改变剩余价值的生产方式(如科技进步的政府组织、劳动力的职业培训等)。 在这两种情况下，社会的组织原则都受到了触动，这点我们在系统之外的公共部门的兴起中看得清清楚楚。

4. 最后，国家对积累过程的功能失调所带来的后果作出补偿，因为这些后果在个别资本团体、有组织的劳工或其他有组织的团体之中引起了政治反应。 因此，一方面，国家承担私人企业所导致的外部损失(如环境破坏)，或通过结构性政策措施保障受到威胁部门的生存能力(如采矿业和农业)。 另一方面，国家根据工会和改良主义政党的要求进行调节和干预，以改善工人的社会依附状况。 从历史上看，这种调节和干预始于工人争取结社权利，后来扩大到要求提高工资，改善劳动条件和社会福利，乃至制定教育政策、卫生政策和交通政策。 今天被划入“社会费用”(social expenses)和“社会消费”(social consumption)项目的国家开支[5]，其起源很大程度上可以追溯到工人组织要求在政治上实现其使用价值。[6]

后两类国家行为是有组织的资本主义所特有的。 以上所提出的区分在很多情况下很难从经验中得出，原因在于，晚期资本主义的国家也承担着前两类任务，而且它是在相当大的范围内承担着这两类任务，当然，它是用同样的方法来处理新添的任务。 譬如，货币政策在今天是国家宏观调控的一个核心部分，尽管确保货币和资本的国际流通以及对这种流通的反应都属于建构生产方式的行为。 区分的标准不是国家行为的范围和手段，而是它的功能。 如果我们的模型是正确的，那么就可以说，自由资本主义国家采取行动，是保障生产方式继续存在所必需的前提，而且通过补充市场机制，来满足由市场控制的积累过程的需求。 晚期资本主义国家也这么做，甚至在范围上要更大一些，手段上也更有效一些。 但是，晚期资本主义国家要想完成这些任务，就必须同时填补市场的功能空缺，干预积累过程，并对其政治上的沉重后果加以补偿。在这些行为中，阶级结构的变化引起了注意，也就是说，形成了另一种权力格局。其结果是，从根本上要依赖无组织的劳动市场制度化的社会组织原则也受到了影响。

总之，晚期资本主义生产关系的变化主要表现出以下三种特征：

（1）剩余价值的生产形式发生了变化，这就影响到了社会组织原则；

（2）出现了一种准政治性的雇佣结构，这就表现出了一种阶级妥协；

（3）政治系统的合法性需求有所增加，这就使得以使用价值为取向的需求起了作用，这种需求可能会与实现资本的需求产生竞争。

关于(1)：公共部门的兴起也表明，国家开始关注集体消费的商品的生产。国家以物质的和非物质的基础设施形式，把这些集体消费的商品提供给私人使用，以达到节约的目的。[7]在履行这种职能时，国家提高了个人资本的使用价值，因为集体消费的商品主要是用于提高劳动生产率。从价值学说角度来看，这种情况表现为不变资本发生贬值，剩余价值率则有所提高。[8]国家对教育系统的组织，通过提高劳动力的素质，而提高了人类劳动的生产率，也取得了同样的效果。[9]这样，剩余价值的生产形式就发生了变化。[10]在自由资本主义制度下，提高绝对剩余价值主要靠榨取体力，延长劳动时间，雇佣廉价劳动力(妇女和儿童)等。这些做法有一个自然极限，标准工作日的规定就表明了这一点。在这种情况下，提高相对剩余价值，主要采取的形式包括：利用现有的或外部的发明和信息，来发展技术生产力和人的生产力。只有在政府有组织的发展科技事业，以及不断扩大教育系统的情况下，能够提高生产力的信息、技术、组织和职业素质等因素才会成为生产过程本身的因素。反思性劳动(reflexive Arbeit)，即为了提高劳动生产率而施加于劳动的劳动，第一次能够被视为一种集体的自然商品。今天，它已经融入经济循环当中。因为国家(或私人企业)现在已经投资购买科学家、工程师和教师等间接生产性劳动力，把他们的劳动成果转变为上述范畴下的节约成本的商品。[11]如果我们恪守教条主义概念方针，把反思性劳动视为(马克思所说的)非生产性劳动，那么，我们就会忽略这种劳动对于资本实现过程的特殊功能。从直接生产剩余价值的角度来看，反思性劳动不具有生产性。但是，它也并非没有生产能力，否则，它对剩余价值的生产就不会产生任何重大影响。马克思准确地看到：即使执行职能的资本量已给定，资本所合并的劳动力、科学和土地(经济学上所说的土地是指独立于人而自然存在的一切劳动条件)，也会成为资本之有伸缩性的能力，这种能力在一定限度内使资本具有一个不依赖于它本身的量的作用范围。但是，他把“科学”看作是像“土地”一样，是一种无偿的集体商品，而没有把在其生产中所耗用的反思性劳动视为一种真正的生产要素。作为支付反思性劳动工资的可变资本，是一种间接的生产性投资，因为它全面改变了从生产劳动中榨取剩余价值的条件。因此也就间接促进了剩余价值的生产。这种思考一方面说明，古典价值学说的基本范畴已不能满足对国家的教育政策以及科技政策进行分析的需要。另一方面还说明，新的剩余价值生产形式是否能够补偿利润率的下降趋势，也就是说，是否能制止住经济危机，是一个经验性问题。[12]

关于(2)：在垄断部门中，企业组织与工会实现了合作，这就导致劳动力商品的价格是经过准政治谈判确定的：在这些“劳动市场”上，竞争机制被国家赋予合法权力的组织之间的妥协所取代了。这种对劳动市场机制的侵蚀自然带来了经济后果(如把某些成本的增高转嫁到价格上)。但是，这些后果实际上是一种非政治性的阶级关系被终止所带来的。由于“政治性”工资[13]是劳资双方经过协商而确定的，因此，主要在资本密集和成长迅速的经济部门中，人们能够缓和雇佣劳动与资本之间的对立，造成局部的阶级妥协。根据马克思的观点，原则上是可以在价值学说的框架内，来分析有组织的市场上的权力价格形式，因为商品可以按高于其本身价值的价格来出售。但是在这里，劳动力商品的价格是价值计算的单位尺度。因此，不能用类似的方式来对待劳动市场上的准政治性的价格形式；因为就其本身而言，它是通过平均工资水平来决定价值量的，劳动力高于价值出售的偏离量必须根据这种价值量来加以衡量。我们还不知道劳动力再生产独立于文化规范之外的成本标准，马克思也没有从这种脱离文化规范的标准为出发点。[14]当然，人们可以恪守一种教条的概念方针，通过确定平均工资，来计算劳动力再生产的成本。但是，这种做法会使人们在分析层面上对主要是经验性的问题带有偏见。这个经验性的问题就是，政治和工会组织起来的阶级斗争是否仅仅由于在某种经济学意义上取得成功，并且明显地改变了剥削率而使工人阶级中最有组织的部分获得好处，从而对系统产生一种稳定效果。

关于(3)：最后，生产关系之所以也发生了变化，是由于交换关系为行政权力所取代是和下列条件相关的，即合法权力必须用于制定行政计划。晚期资本主义国家机器增添了功能，用行政手段处理的社会事务也增多了，这就增加了对合法化的需求。这点毫无神秘之处。对合法化的需求是从填补市场空缺的行政系统明显的功能条件中产生出来的。自由资本主义是以资产阶级民主的形式建构起来的，资产阶级革命可以说明这一点。因此，今天有必要用(基于普选权基础之上的)政治民主来满足对合法化的需求。反之，那种完全把资产阶级民主视为资本主义阶级统治的上层建筑的教条主义观念，也就忽略了这个特殊问题。由于国家在某种程度上不再单纯是非政治性阶级关系的上层建筑，因此，获取合法性的形式民主手段也就的确是十分有限的。因为，在这种情况下，行政系统被迫使用现成的控制手段，来满足以使用价值为取向的需求。只要资本主义经济系统自身还能够产生一种有生命力的意识形态，就不会出现相应的合法性问题，这种问题为解决资本实现问题设下了限制性条件。新的合法化问题不能被归入过于一般化的自我维持的命令，因为如果不考虑对合法的要求，即对使用价值的分配的满足，就不能解决这些问题。而对资本实现的兴趣正是禁止人们考虑这一点。合法化问题不能归结为资本实现问题，因为阶级妥协一直被当作再生产的基础，所以，国家机器必须在下述限制性的条件中完成自己在经济系统中的任务，即必须同时保证形式民主架构内的大众忠诚，并使之与普遍主义有效的价值系统相一致。这种对合法化的压力只有通过失去政治意义的公共领域的各种结构才能得到缓和。由结构所保障的公民私人性，成为维持继续生存的必要条件，因为没有其他功能能够取而代之。因此，就出现了一种用正统观点无法把握的新型的危机。

关于经济危机理论，民主德国（DDR）的知名经济学家们提出了一种修正主义观点。关于国家垄断资本主义的理论[15]没有受到上述观点的反驳，因为它假设，资本主义再生产过程的自发性已经被国家垄断计划所取代；经济规律的自发作用被中央对生产机构的控制所取代。生产社会化的高度发展，导致了大公司的个别利益与维持该系统的资本主义整体利益趋于一致。由于该系统的继续生存受到后资本主义社会的竞争和超越系统的内部力量双方面的威胁，因此，这种趋向还在继续发展。于是就形成了一种资本主义的整体利益。垄断集团联合起来，依靠国家机器，有意识地追求这种整体利益。与这种新的意识相对应的应当是资本主义的计划。资本主义的计划使投资决策在一定程度上脱离“市场机制”，从而保障了剩余价值的生产。有一种代理理论（Agenturtheorie）所阐述的就是垄断集团权力与国家机器权力之间的形式结合。据说整个社会的控制中心置于资本主义整体利益之下，具体途径是一种控制生产的组织形式（本身还在循序渐进）依然与资本实现这一目标联系在一起。另一方面，阶级关系公开地重新政治化，使得国家垄断统治容易受到（按照人民阵线模式组织起来的）民主力量所施加的政治压力的影响。关于国家垄断资本主义的理论，其前提同样也在于：资本主义生产的基本矛盾在新的组织形式中并没有被克服，而是被加剧了。不过，经济危机此时采取了一种直接的政治形式。

针对这一理论，出现了两种反驳意见。[16]第一种意见认为，不管代表何种利益，国家机器都能够积极地制定计划，提出和贯彻一种集中的经济策略；这是无法用经验来加以证明的。关于国家垄断资本主义的理论和西方的专家治国论一样，没有能够正确地认识到，晚期资本主义的行政计划是有界限的。负责计划的官僚机构的举措只是为了消极地避免危机。而且，不同的官僚机构之间也不完全协调一致。由于缺乏敏感度和计划能力，它们受到了其主顾的左右。[17]正好是由于政府行政缺乏足够的合理性，才使得有组织的特殊利益集团会获得成功。这样，资本主义局部利益之间的利益，资本主义局部利益与资本主义整体利益之间的矛盾，以及系统所特有的利益与普遍利益之间的矛盾等等，都转移到了国家机器当中。

第二种意见认为，所谓国家是联合起来的垄断集团的代理人的观点，也是没有经验依据的。关于国家垄断资本主义的理论，与西方精英理论一样，高估了个人交往以及行为彻底规范化的意义。对于各种权力精英集团的来源、构成以及互动的研究，不足以解释经济系统与行政系统之间的功能联系。[18]在我看来，奥佛及其合作者所提出的系统论模型似乎更有说服力一些。这个系统论模型将行政系统的结构同解决冲突和形成共识的过程、决策及其执行过程区分开来。奥佛认为，“结构”是一组积淀而成的选择规则。这些规则能够预先决定，什么是公认需要调控的。什么是应该考虑的主题，什么是真正的公共管理渠道，什么是应该优先加以考虑的以及通过何种渠道优先加以考虑等等。行政行为模式能够相对稳定地有所取舍，这客观上对资本的运作是有影响的，所谓客观，是说这些行为模式与行政部门公开承认的意图是没有什么关系的。它们可以用选择规则（Selektionsregeln）来加以解释，因为选择规则预先决定了对于问题、主题、论证以及利益是予以考虑还是加以压制。[19]

注　释：

[1] 马克思在《路易·波拿巴的雾月十八日》中阐述了这一概念。也可参阅普兰查斯（N. Poulantzas）：“资本主义国家问题”（The Problem of the Capitalist State），载：

《新左派评论》(*New Left Review*)，1969，第 67 页及以下诸页。

[2] 穆勒(W. Müller)、钮苏斯(Ch. Neusüss)："社会福利国家的幻觉"(Die Sozialstaatsillusion)，载 *SoPo*，1970，第 4 页及以下诸页；阿尔特瓦特(E. Altvater)："关于国家干预主义的若干问题"(Zu einigen Problemen des Staatsinterventionismus)，载耶尼克：《统治与危机》，第 170 页及以下诸页。

[3] 阿尔特瓦特："关于国家干预主义的若干问题"，第 181 页。

[4] 穆勒、钮苏斯："社会福利国家的幻觉"。

[5] 奥康纳：《国家的财政危机》。

[6] 这里所提出的用于分析的区分是和穆谢尔(Sigrid Meuschel)讨论的结果。

[7] 马蒂克(P. Mattick)：《马克思与凯恩斯》(*Marx und Keynes*)，Boston，1969，第 128 页及以下诸页，第 188 页及以下诸页；罗德尔(V. Rödel)：《研究的优先性与技术的发展》(*Forschungsprioritäten und technologische Entwicklung*)，Frankfurt am Main，1972，第 32 页及以下诸页。

[8] 霍兰德(H. Holländer)：《利润率下降的规律》(*Das Gesetz des tendenziellen Falls der Profitrate*)，Regensburg，1972，经济学论丛。

[9] 阿尔特瓦特、徽斯肯斯(F. Huiskens)：《教育部门的政治经济学论集》(*Materialien zur Politischen Ökonomie des Ausbildungssektors*)，Erlangen，1971。

[10] 松-莱特(A. Sohn-Rethel)：《晚期资本主义的经济二元性》(*Die ökonomische Doppelnatur des Spätkapitalismus*)，Neuwied，1972。

[11] 奥康纳区分了绝对剩余价值、相对剩余价值以及"间接剩余价值"。

[12] 罗德尔：《综论》。

[13] 希法亭(R. Hilferding)提出了这种说法。

[14] 马克思曾提到决定劳动力商品价值的历史因素和道德因素(《资本论》，第一卷)。

[15] 德国社会主义统一党中央委员会编：《当代帝国主义》(*Imperialismus heute*)，Berlin，1965；京德尔(R. Gündel)、海宁格(H. Heininger)、赫斯(P. Hess)、齐尚(K. Zieschang)：《国家垄断资本主义理论》(*Zur Theorie des staatsmonopolitischen Kapitalismus*)，Berlin，1967。

[16] 沃特(M. Wirth)：《民主德国的资本主义理论》(*Kapitalismustheorie in DDR*)，Frankfurt am Main，1972。

[17] 赫希(J. Hirsch)："晚期资本主义工业社会中国家管理功能的改变"(Funktionsveränderungen der Staatsverwaltung in spätkapitalistischen Industriegesellschaften)，载：《德国政治与国际政治集刊》(*Blätter für deutsche und internationale Politik*)，1969，第 150 页及以下诸页。

[18] 奥佛："阶级统治与政治系统：政治制度的选择性"(Klassenherrschaft und politisches System)，载：《资本主义国家的结构问题》，第 66 页及以下诸页。

[19] 同上书，第 78 页及以下诸页。

第五章

合理性危机原理

无论是把国家看作自发经济规律的无意识的执行机构，还是把国家视为联合起来的垄断资本家的计划代理人，都不足以说明晚期资本主义国家的功能。由于国家已经卷入生产过程，因此，它就改变了资本实现过程本身的决定因素。在阶级妥协的基础上，行政系统获得了一种有限的计划能力。这种计划能力可以在通过形式民主获得合法性的架构内，用于被动地避免危机。在这种情况下，维护集体资本主义的利益一方面与个别资本集团的利益发生矛盾和竞争，另一方面与各种大众集团以使用价值为取向的普遍利益发生竞争。通货膨胀和公共财政的持续危机，取代了原来的危机循环，使之在时间上分散开来，并减少了社会后果。这种取代现象究竟标志着对经济危机的成功控制，还是标志着经济危机只是暂时转移到了政治系统中，则是一个经验问题。对这个问题的回答，最终要看间接的生产投资是否会带来劳动生产率的增长，生产率的增长，按照该系统的功能要求分布，是否足以保证大众的忠诚以及同时确保积累过程的顺利进行。政府的预算负担着越来越社会化生产的公共费用：比如，它负担着帝国主义市场策略的费用和非生产性商品需求的费用(如军备和航天事业等)；它负担着与生产直接有关的基础设施的费用(如交通系统、科技进步以及职业培训等)；它负担着与生产间接有关的社会消费费用(如住宅建设、交通、医疗、教育和社会保障等)；它负担着社会福利，尤其是失业的费用；最后，它还负担着私人生产造成的环境恶化的外部费用。归根到底，这些开销都只能通过税收来维持。因此，国家机器同时面临着两个任务，一方面，它必须从利润和个人收入中来征集必要的税收，并合理地使用可供支配的税收，以此来避免经济成长过程中的危机。另一方面，有选择的征税，税收使用的明显次序以及行政运作本身，都应该满足随时会出现的合法性需求。如果国家不能完成前一项任务，那么，就会出现行政合理性的欠缺；如果不能完成后一项任务，就会出现合法性的欠缺（请参阅下文第六章）。

由于相互矛盾的控制命令会导致自发的商品生产处于无政府状态，并且使增长充满危机，而这些控制命令又是在行政系统中发挥作用的，因此就会出现合理性欠缺。关于这种改良的无政府主义观点，赫希（Hirsch）等人用科学的行政管理作为例子来加以证明。[1]这种观点具有某种描述价值，因为它能够证明，权力机构几乎毫无信息能力和计划能力，彼此也不能很好地协调一致，因此它们要依赖于其服务对象所给予的信息。这样也就无法保证它们和服务对象会保持必要的距离，以作出独立的决策。个别经济部门似乎能够将某些公共行政部门据为己有，从而把个别社会利益之间的竞争转移到国家机器内部。这种危机原理目前建立在这样一种观点上，即由于一直具有私人目的的生产日益社会化，这就给国家机器带来了无法满足的矛盾要求。一方面，国家必须发挥集体资本家的功能，另一方面，只要不消灭投资自由，相互竞争的个别资本就不能形成或贯彻集体意志。这样就出现了相互矛盾的命令，一方面要求扩大国家的计划能力，旨在推行一种集体资本主义的规划，另一方面却又要求阻止这种能力的扩大，因为这会危及资本主义的继续存在。于是，国家机器就左右摇摆，举棋不定，一方面是人们期待的干预，另一方面则是被迫放弃干预；一方面是独立于自己的服务对象，但这样会危及系统，另一方面则是屈从于服务对象的特殊利益。合理性欠缺是晚期资本主义所陷入的关系罗网的必然后果。在这个关系罗网中，晚期资本主义自相矛盾的行为必然会变得更加混乱不堪。[2]

下面我想列举针对这种论点所出现的三种反对意见：

（1）由于资本主义的基本矛盾从经济系统转移到了行政系统，有可能解决这些矛盾的条件也发生了变化。在经济系统中，矛盾直接表现为价值量之间的关系，间接表现为由资本损失（破产）和剥夺生存手段（失业）所带来的社会后果。在行政系统中，矛盾表现为不合理的决策和行政失误所导致的社会后果，即生活领域的瓦解。破产和失业说明未完成功能所带来的风险到了一个极限。相反，生活领域的瓦解则是一个连续过程，而且很难说出什么是忍耐的界限，也很难判断对于能够忍耐以及已经觉得无法忍耐的情况的感觉在多大程度上可以适应越来越无序的环境。

（2）更重要的是，在经济系统中，策略行为的规划同得失的尺度一样，是已经确定的。交换媒介不允许通过经常调整行为来使冲突得到解决。收益最大化的控制原则是不可动摇的。相反，行政系统则以妥协为原则，与它所依赖的环境进行协商。“讨价还价”（bargaining）的目的是强行让双方互相适应期待结构和价值系统。实行躲避政策的回应方式，体现了国家机器机动能力的有限性。国家能够使其谈判伙伴认识到，大众的普遍利益是如何有别于有组织的个人利益，以及如何有别于集体资本主义在维持系统存在方面的利益。但是，使用合法权力就必须考虑不同利益领域之间的合法性差异。而这种差异是已经完全合法化的交换系统所没有的。

（3）最后，危机倾向可以通过个体市场参与者的特殊行为表现出来，但无法以同样的方式，通过无意识的集体行政行为表现出来。因为，对于权力行使这一中介来说，自发的过程和计划之间的区别不再那么鲜明，正如在策略博弈中，有意识地遵守规则可能会带来意料以外的副效应。相反，避免危机被概括为行为目标。由于决策过程处于自发性与计划性之间，因此，行政系统及其谈判伙伴所遵循的就是这种独特的证明方式：每一次，人们所要求或所希望的行政行为，都是用一种从行为角度提出的系统合理性来加以证明。[3]也就是说，是用系统功能的控制行为来加以证明；控制行为所发挥的是一种虚构的功能，由于没有一个参与者驾驭了系统，因此也就没有谁能够履行这种功能。政治妥协与市场支配系统中的经济决策一样，不能构成一个用目的理性的个人行为所编制起来的近乎自然的环境。因此，在集体资本主义计划与投资自由之间，在需要计划与拒绝干预之间，在国家机器的独立自主与国家对私人利益的依附之间，逻辑上都没有什么必然的利益冲突。逻辑上根本就不排除有下述可能性的存在，即行政系统可能会为相互竞争的要求找到一条妥协的路子，从而使得组织永远都有充分的合理性。

鉴于这些反对意见，人们当然会试着为行政系统建立另一个层次上的自发性。就不可逆料的后果问题而言，官僚机构独自推行的各种资本主义计划与根据话语意志形成的民主计划形式之间是有区别的。[4] 这些不可逆料的问题必须根据不同的情况加以处理，而且它们也有可能会集中到一起，以至于最终即使靠“时间”也无法解决。这种危机原理或许可以转述如下：这种次要形式的自发性（Bewusstlosigkeit）造成一种表象，国家机器必须退缩在这种表象背后，以便最小限度地削弱用于补偿积累过程中被剥削的受害者所需要的开支。即使在今天，资本主义的增长也是靠企业的集中以及资产的集中与转移来实现的。[5]这就使得剥夺和重新分配资本成为一种常规现象。正是这种常规性成为了问题，因为国家提出要求承担计划权威的角色，而那些受害者便能把自己的损失转嫁到国家头上，并且向国家提出预防和补偿的要求。这种机制的有效性就反映在诸如结构政策中。由于经济资源不足以充分弥补资本主义的增长对资本家的损害，因此就产生了进退维谷的困境，要么使国家不再承担这种角色，要么阻碍成长过程。第一种方法会产生新的难题。为了保证积累过程顺利进行，国家必须承担越来越明显的计划功能。但是这些功能不应被公开视为国家所应有的行政行为，否则国家就负有补偿的责任，而这将妨碍积累。在这种情况下，合理性危机原理依然依赖于关于资本主义增长的经济瓶颈的经验假设。

此外，我们还应注意到，急剧上升的计划需求会造成新的瓶颈，而这并非是系统所特有的。复杂社会中的长期计划使得每一个行政系统，不仅仅是晚期资本主义的行政系统，都面临着结构困境；对于这种结构困境，沙普夫(F. W. Scharpf)在他的许多著作中都作出了深刻的阐述。[6]我倾向于认为，并非每一种渐进主义(Inkrementalismus)本身都反映负担过重的行政机构缺少合理性。所谓渐进主义，是一种着眼于中期目标的计划，对外部的影响非常敏感。必要的时候，我们或许可以为下面这种躲避行为的合理性界限提供合乎逻辑的证明：这种躲避行为必然要研究各种利益的相容性(Kompromissfähigkeit)，但不能预先让公众讨论这些利益的普遍性(Verallgemeinerungsfähigkeit)。晚期资本主义对合理性的限制在于，有一种计划类型在结构上是不被接受的。这就是按照芬克(R. Funke)所说的民主渐进主义。[7]

行政计划缺少合理性是一种必然会发生的趋势，对此，奥佛提出了另一种更有创见的论据。奥佛认为，有三种倾向可以证明，系统异质因素的扩散是系统本身所不可避免的。这些倾向所涉及的是价值趋向模式的扩散，这就使得符合系统要求的行为控制难以为继。[8]

(1) 制定商业策略的有效条件在由公共部门和垄断部门组织起来的市场中发生了变化。大公司在进行决策时，在时间上和物质上都有极大的选择余地，这就使得投资政策——这种投资政策需求有更多的条件作为论证基础——取代了由外部因素所决定的理性选择。因此，高级管理阶层必须采用评估和决策的政治模式，而不是采用预先规定确定的行为策略。

(2) 与公共部门功能紧密相关，出现了一些职业领域，在这些领域中，具体劳动，即以使用价值为趋向的劳动，越来越取代抽象劳动；这点同样也适用于官僚机构中负责计划任务的雇员，适用于公共服务部门(如交通、医疗、住宅建设以及休闲等)，适用于科学和教育系统，适用于研究和技术发展部门。极端的专业主义(Radical Professionalism)表明，这些领域中的职业劳动可以脱离私人的奋斗模式和市场机制，而具有一定的目标。

(3) 非就业人口不是由劳动市场再造出来的，他们与有职业的人口一起在增长。非就业人口包括大学生和中小学生、失业者、靠养老金生活的人、社会救济对象、无专长的家庭主妇、病人以及犯人等。这些群体同那些在具体劳动条件下兴起的群体一样，也会形成一定的价值取向模式。

随着生产的不断社会化，资本主义就业系统中的这些“异物”(Fremdkörper)对行政计划产生了一种限制作用。为了照顾到私人企业的投资自由，资本主义的计划采取的是一种宏观调控手段，通过改变外部条件来影响其对象的行为。资本主义计划根据系统要求所能改变的参数，如利润率、税收、津贴、商业佣金、收入的二次分配等等，通常都是表现为货币量。正是这些货币量失去了其控制作用，于是，交换价值也就越来越丧失其抽象的指导作用。国家干预加快了生产的社会化，它所带来的后果于是也破坏了国家干预本身的重要手段所得以施展的条件。当然，这不是什么逻辑上的矛盾。

上述三种倾向说明，积累过程是通过交换之外的媒介而实现的。但是，曾经具有市场合理性的决策现在所具有的政治特性，某些职业的政治化以及那些无收入者与市场无关联的社会化等等，所有这些并非必然会缩小行政机构的活动空间。在某些前提下，甚至参与也能比由外部刺激所引起的行为反应更有助于贯彻行政计划。[9]只要这些发展在实际上造成了与危机相关的瓶颈，那么，关键就不在于计划缺少合理性，而在于动机机制没有进行相应的调整：也就是说，行政机构没有能够动员其合伙人一起合作。概要来说，当外部刺激的控制手段在原来能行之有效的行为领域中遭到失败时，晚期资本主义不一定会受到损害。但是，当行政系统不再能够承担维持生存的重要计划功能时，晚期资本主义就会陷入困境。行政系统之所以不再能够承担重要的计划功能，原因在于，不管采用何种手段，它都无法控制对于计划有重要意义的行为领域。但是，这种诊断不能根据行政合理性的减弱来加以推导，而至多只能从系统所必需的动机机制的衰弱中得出。（请参阅第二部分第七章）

注 释：

[1] 赫希：《科技进步与政治系统》，第 248 页及以下诸页。

[2] 奥佛认为“技术官僚统治在政治上有悖论”。

[3] 这是系统论“语言”渗透到国家行政自我理解当中所造成的后果。

[4] 科恩(St. Cohen)：《现代资本主义计划》(*Modern Capitalist Planing*)，Cambridge，1969。

[5] 阿恩特(H. Arndt)：《西德经济的集中趋势》(*Die Konzentration der westdeutschen Wirtschaft*)，Pfulligen，1966；胡夫施密特(J. Hufschmid)：《资本政策》(*Die Politik des Kapitals*)，Frankfurt，1970；科尔科(G. Kolko)：《美国的财富与权力》(*Besitz und Macht*)，Frankfurt am Main，1967。

[6] 沙普夫(F. W. Scharpf)：“作为政治过程的计划”(Planung als Politischer Prozess)，载：《论管理》(*Die Verwaltung*)，1971；“作为政治计划限制的复杂性”(Komplexität als Schranke der Politischen Planung)，载：《政治季刊》(*PVJ*)，1972，第 168 页及以下诸页。

[7] 芬克(R. Funke)：《论计划的合理性》(*Exkurs über Planungsrationalität*)，手稿，MPIL，和《计划管理的组织结构》(*Organisationsstrukturen planender Verwaltung*)，Darmstadt，1973。

[8] 奥佛：《交换关系与政治统治》，第 27 页及以下诸页。

[9] 纳肖尔德(F. Naschold)：《组织与民主》(*Organisation und Demokratie*)，Stuttgart，1969；“复杂性与民主”(Komplexität und Demokratie)，载：《政治季刊》，1968，第 494 页及以下诸页。请参阅卢曼的批评，载：《政治季刊》，1969，第 324 页及以下诸页，以及纳肖尔德的回应，同上，第 326—327 页。此外还可参阅 S · 斯特里克(Sylvia Streeck)和 W · 斯特里克(Wolfgang Streeck)：《政党制度及其现状》(*Parteisystem und Status quo*)，Frankfurt am Main，1972。

第六章

合法化危机原理

合法化危机的概念是仿照经济危机的概念而形成的。根据这一概念，相互矛盾的控制命令是通过行政人员而非市场参与者的目的理性行为而表现出来的。它们表现为不同的矛盾，直接威胁着系统整合，并从而危及社会整合。

我们已经看到，只有当政治争端(阶级斗争)维护而不是改变资本主义生产制度的范围条件时[如宪章运动(Chartistenbewegung)和制定标准工作日]，才能说是发生了一种经济系统的危机。由于阶级关系本身被重新政治化，国家既承担补充市场的任务，又承担着取代市场的任务，并造成了更加富有弹性的剩余价值生产方式。因此，阶级统治可以不再采用价值规律这种匿名形式。相反，相对剩余价值的生产是否或如何能通过公共部门而获得保护，阶级妥协的条件看起来是什么样的，所有这些现在都要取决于实际的权力格局。由于这种变化，危机倾向尽管从经济系统转移到了政治系统，但是，完全由市场调节的交换过程的自足性被破坏了。在自由资本主义商品拜物教(Warenfetisch)被打破，以及所有的参与者都或多或少变为价值学说的熟练实践者之后，自发的经济发展过程至少可以以次要形式在政治系统中重新确立起来，国家为了自身的利益也必须保留某种自发性残余，以便使自己的计划功能不再新添任何责任，因为要承担这些责任，就必须透支财政。因此，经济危机倾向继续上升，而且继续以目的理性的方式耗费基本的财政资源。但是，如果我们不想回到各种经济原理那里，那么，国家行为也就只能在可以获得的合法性中找到必要的界限。只要动机依然依赖于需要证明的规范，把合法权力引入再生产过程就意味着：在怀疑行政行为并带来诸多实际后果的时候，“基本矛盾”（Grundwiderspruch）永远都会冲破基本的规范。如果已经成型的先验决定不能容忍相应的主题、问题和论据，那么，这种基本的规范还会继续被冲破。由于经济危机已经得到遏止，并且转化为公共预算系统的沉重包袱，因此，它也就脱掉了作为社会固有命运的外衣。如果国家对危机的控制失败了，那么它就落后于它自身所提出的一整套要求。对于这种失败的惩罚，就是合法性被撤销了。因此，行动范围正好在它急需膨胀的时候萎缩了。

这种危机原理的基础是一种一般性的观点。这种观点认为，社会认同是通过旨在维护系统整合的能力而间接确定下来的，在阶级结构基础上，这种社会认同往往是很脆弱的。正如奥康纳（O'Connor）所力图证明的，非普遍性利益的社会生产的基本矛盾，经过加工和转化，所产生的有争议的后果，集中表现为分层征税和对有限税收的特殊使用，因为一种避免危机的政策会耗尽和透支有限的税收。一方面，经济危机倾向经过行政和财政的过滤，使得越来越零碎化的阶级对立阵线不那么一目了然；阶级妥协削弱了潜在的阶级的组织能力。另一方面，零散的次要冲突也变得明显可见了，因为它们不是作为客观的系统危机而出现的，而是直接引起合法性问题。这就可以解释使行政系统尽可能独立于合法性系统为何在功能上具有必要性。

为了这一目的，人们把行政机关的工具功能同能够释放出一般顺从意愿的表现符号区分开来。在这方面，人们所熟悉的策略包括实际问题的人格化、象征性地听证、专家裁决、司法解释，以及从寡头垄断竞争中模仿来的广告技巧等等。这些广告技巧既肯定又利用现有的偏见结构，通过打动情感和刺激起无意识的动机等，从正面或反面来肯定某些内容，贬低另外一些内容。[1] 为实现有效的合法化而建立起来的公共领域，其首要功能在于把人们的注意力吸引到一定的主题上面，也就是说，把其他主题、问题和争论都排挤到一边，从而避免有关舆论的形成。政治系统承担起规划意识形态的任务（卢曼的观点）。可以肯定，这样做的时候，机动的余地是十分有限的，因为文化系统特别能抵制行政控制：意义从来都不是用行政手段创造出来的。对符号进行商业生产和行政计划，会消耗掉虚拟的有效性规范力量。获取合法化的“方式”一旦被看穿，对合法化的追求就会不战自败。

文化传统具有自己脆弱的再生产条件。只要它们是以自发的方式形成，或者带有解释学意识（解释学作为对传统的学术解释和学术应用，具有自己的特性，它能够打破传统的自发性，并把它们保持在一种反思水平上[2]），它们就依然具有“活力”。对传统的批判占有，破坏了话语媒介中的自发性。因为批判的特点就在于它有双重功能[3]：一方面，通过分析或意识形态批判，来消解无法用话语兑现的有效性要求，另一方面，它能够把传统中的语义学潜能释放出来。[4]就此而言，批判和解释学一样，也是一种占有传统的形式。在这两种情况下，被占有的文化内容都保持着其作为命令的力量。也就是说，它们保障着历史的连续性，有了这种历史的连续性，个人和群体就能够确认自身和彼此的认同。如果文化传统是以客观主义形式提供出来的，并被当作策略加以使用，那么，它就会丧失这种力量。在这两种情况下，文化传统的再生产条件就会受到破坏，传统也会受到破坏。在乐观的历史主义的展览效应中，以及在为了行政和市场目的而剥夺文化内容所产生的破坏效果中，都可以看到这种情况。很显然，只有当传统还没有脱离保障连续性与认同的解释系统时，传统才能保持其提供合法性的力量。

因此，行政行为领域与文化传统领域之间的结构差异就构成了一种系统界限，限制着通过有意识的操纵来弥补合法性欠缺的努力。当然，如果想由此而提出危机的论据，就必须和另一个角度联系起来考虑，即国家行为的膨胀会造成对合法性需求超比例增长的这一副作用。我认为，超比例增长是有可能的，原因不仅在于行政事务的膨胀使得国家行为的新功能需要得到大众的支持，而且还在于这种膨胀导致政治系统与文化系统之间的界限发生了变化。在这种情况下，原来被视为理所当然并且作为政治系统条件的文化事务，便落入到行政计划领域。这样，一直避免成为社会争端，尤其是避免成为实践话语主题的传统，也就成为了议题。行政直接处理文化系统的一个例子便是教育计划，尤其是课程安排。过去，学校的行政管理只需要将自发形成的一系列规则整理成法规，而现在的课程安排的前提在于，传统模式可能是大相径庭的：在这个曾经正好具有自我合法化力量的领域，行政计划造成了一种合法化的普遍压力。[5]间接干扰文化自我特性的例子是地区规划和城市规划（土地的私人占有）、卫生系统的规划（“无阶级差别的医院”），以及计划生育和婚姻法（放宽了性禁忌，扩大了家庭解放的界限）等等。最终，不仅传统内涵具有了一种偶然性意识，传统的技术，即社会化的技术也具有了一种偶然性意识。早在学龄前阶段，正规学校教育就与家庭培养开始竞争。教育常识成为疑难问题，这一点在学校提高家长权力的机制化和个别咨询而承担的普及教育知识的任务中，以及在有关该问题的教育心理学的报刊文章中都可以看到。[6]

在各种层次上，行政计划都产生了意料之外的干扰作用和宣传效果。这些效果削弱了传统自发形成的辩护潜能。一旦传统受到破坏，而变得不再是毫无问题，有效性要求就只有通过话语才能保持稳定。因此，对文化自我特性的干扰，促进了原来属于私人领域的生活领域变得政治化。这就意味着，通过公共领域的结构而得到非正式保护的公民私人性受到威胁。积极参与的努力以及可选择模式的涌现，尤其是在学校（中小学和大学）、新闻、教会、剧院、出版社等文化领域中，正如公民请愿的数量越来越多一样，都显示了这种威胁。[7]

由此也就可以解释人们为何要求和尝试参与到计划当中。由于行政计划越来越触及文化系统，即触及深层的规范观念与价值观念，并且使传统的立场变得摇曳不定，因此，人们的接受能力也就有了大大的提高。为了在计划过程中推行革新，行政机构试着让那些相关者参与这个过程。当然，参与政府计划的功能是模棱两可的。[8]于是便出现了灰色领域。在这些灰色领域里，控制冲突的需求究竟是增大了还是减小了，从一开始就是不清晰的。计划者们在计划过程中越是把自己置于共识形成的压力之下，就越可能产生一种具有相反动机的负担：一方面是谋求合法性而引起的过分要求，而行政机构在一种不对称的阶级妥协条件下是无法满足这些要求的；另一方面是对计划的保守抗拒，这就缩小了计划的范围，降低了创新的程度。从社会心理学的角度来看，这两种动机可以归入同一种对立的解释模式，因此，通过分析可以区分开来的反抗立场是由同一个派别所代表的。为了这个理由，（纳肖尔德所说的）“创造性的参与”（Produktivkraft Partizipation）是一种弥补合法化欠缺的极端手段，对于行政机构来说也是一种冒险手段。

以上所援引的这些论据都证明了一个观点，即晚期资本主义社会陷入了合法化困境。然而，它们是否足以表明合法化问题不可解决，或者说，它们是否能够对预见合法化危机进行证实呢？即使国家机器能够以确保无危机但并非无干扰的经济增长方式，来提高劳动生产率和分配生产力成果，经济增长的实现依然要受制于某种优先权。这种优先权不是为了全民的普遍利益，而是为了实现利润极大化的私人目标。加尔布雷思(Galbraith)曾经从“私人财富与公共事业贫困的对立”当中来分析这种优先模式。[9]而这种优先模式是从一种通常处于隐蔽状态的阶级结构中产生出来的。总而言之，这种阶级结构是合法化欠缺的根源。至此，我们看到，国家不能简单地接管文化系统，国家计划领域的膨胀实际上使得文化的自主性成为了问题。“意义”是一种稀有资源，而现在变得更加稀有。因此，以使用价值为趋向的期望，即追求成功的期望，正在公众中兴起。这种要求的上涨程度是与合法化需求的增长同步进行的。财政所吮吸的“价值”资源，必然要取代有限的“意义”资源。失去的合法化必须要根据系统的要求来加以弥补。只要对这种弥补的要求比可获得价值量增长得快，或者用这种弥补无法满足新出现的期望，就会出现合法化危机。

可是，我们为什么不可以把需求水准保持在政治—经济系统运作能力的范围之内呢？需求的上升速度是可以把现存生产方式范围内的适应和学习过程完全强加给控制系统和维持系统的。第二次世界大战之后，晚期资本主义社会获得了持续的发展，就充分证明了这一点。[10]只要社会福利国家纲领与广泛传播的专家治国论的共同意识结合在一起，并把公民的私人性维持在一个必要的水平上，对合法化的需求就不一定会导致危机；专家治国论的共同意识在遭到怀疑的情况下能够把责任推给没有受到影响的系统压力。

但是，奥佛及其合作者怀疑，这种谋求合法化的形式是否会使相互竞争的政党在其纲领中竞相抬价，从而不断地提高民众的胃口。而这可能导致在许诺与结果之间产生不可避免的鸿沟，从而引起选民的失望情绪。[11]这样，民主竞争型的合法化就会产生无法负担的代价。即使这种论点具有足够的经验论据，也还需要解释为什么晚期资本主义社会终究还必须保持着形式民主。如果仅仅从行政系统的功能条件来考虑，形式民主也可以被其他的民主形式所取代，比如能够把公民的政治参与减少到无损害程度的保守权威主义的社会福利国家，或者法西斯主义的极权国家。法西斯主义的极权国家无须像社会福利国家那样去透支财政，就可以把民众保持在一个较高程度的持续动员水平上。但是从长远来看，这两种国家形式显然都不如具有政党民主特征的大众民主体制那样适用于晚期资本主义，因为社会文化系统所提出的要求是极权主义制度所无法满足的。

奥佛他们的思考支持了我的观点，即不能随时用来满足行政系统要求的僵化的社会文化系统，是加剧合法化困境并导致合法化危机的唯一原因。只有当无法用现有的价值量，或一般来说，用符合系统要求的补偿来满足的期望大量而全面地出现时，才能够对合法化危机作出预测。因此，决定合法化危机的必然是一种动机危机，即国家、教育系统和就业系统所需要的动机与社会文化系统所能提供的动机之间所存在的差异。

注　释：

[1] 埃德尔曼(M. Edelmann)：《政治的符号意义》(*The Symbolic Uses of Politics*)，Chicago，1964；《作为符号行为的政治》(*Politics as Symbolic Action*)，Chicago，1971。

[2] 伽达默尔(Gadamer)：《真理与方法》(*Wahrheit und Methode*)，Tübingen，1969。

[3] 维尔默(A. Wellmer)：《社会批判理论与实证主义》(*Kritische Gesellschaftstheorie und Positivismus*)，Frankfurt am Main，1969，第42页及以下诸页。

[4] 哈贝马斯："启蒙批判还是拯救批判"(Bewusstmachende oder rettende Kritik)，载：《论本雅明的现实意义》(*Zur Aktualit ät Walter Benjamins*)，Frankfurt am Main，1972，第173页及以下诸页。

[5] 联邦德国的讨论主要是由罗宾索恩(S. B. Robinsohn)的《作为教学理论修正方案的教育改革》(*Bildungsreform als Revision des Curriculum*，Neuwied，1967)一书引起的。

[6] 奥佛曼(U. Oevermann)在他的《教育研究所研究计划》(*Institut für Bildungsforschung*，Berlin，1970)中提出了一些有意义的论据。

[7] 巴尔(H. E. Bahr)编：《日常生活的政治化》(*Politisierung des Alltags*)，Neuwied，1972；奥佛："公民的创造性"(Bürgerinitiativen)，载：《资本主义国家的结构问题》，第153页及以下诸页。

[8] 美茵茨(R. Mayntz)："参与公共计划的功能"(Funktionen der Beteiligung bei öffentlichen Planung)，载：《民主与管理》(*Demokratie und Verwaltung*)，Berlin，1972，第341页及以下诸页。

[9] 请参阅魏德迈耶尔(H. P. Widmaier)：《社会福利国家的权力结构：雷根斯堡经济学论集》(*Machtstrukturen im Wohlfahrtsstaat. Regensburger Diskussionsbeiträge zur Wirtschaftswissenschaft*)，1973。

[10] 肖恩菲尔德(Shonfield)：《现代资本主义》(*Modern Capitalism*)。

[11] 奥佛：《危机与危机的控制》，第220页。

第七章

动机危机原理

如果社会文化系统发生彻底变化，以至于其输出无法满足国家和社会劳动系统的功能要求，就可以说动机危机（Motivationskrise）出现了。晚期资本主义社会所提供的最重要的动机，就是一系列的公民私人性和家庭职业私人性。公民私人性在此所指的是，公民关心行政系统的控制和维持活动，虽然很少参与合法化过程，但制度提供了适合参与的机会（高输出取向是与低输入倾向相对应的）。因此，公民私人性是与一种失去政治意义的公共领域结构相一致的。家庭职业私人性是对公民私人性的补充；它的组成因素有两个，一个是经过训练而培养起来的关心消费和休闲的家庭取向，另一个是适应地位竞争的职业取向。因此，与这种私人性相对应的是由成就竞争调节的教育系统和职业系统的结构。

这两个动机模式对于政治系统和经济系统的持续存在都很重要。如果我们坚持认为，这两个动机模式已经遭到系统的破坏，那么，我们就必须不厌其烦地证明两个独立的论点：首先，我们必须证明，迄今作为那些立场的语境的存在已经遭到破坏；其次，我们必须说明，对于消耗殆尽的传统来说，没有任何功能相当的替代物，因为规范结构的发展逻辑不允许有这种替代物存在。（通过把动机模式与稳定的传统文化模式协调起来，我首先从一个极其简化的假设出发：一个社会所特有的综合立场应该以某种方式在能够发挥社会化作用的文化价值系统层次上表现出来；因此，我认为，在得到解释的需求层次和文化传统层次上，意义结构具有一致性。[1]在此，我不仅忽略了亚文化之间的差异，而且也不考虑这样一个重要的社会学问题，即文化模式是否以及如何通过社会化媒介和教育实践而转化到人格结构中。[2]更重要的是，我也不考虑下述心理学问题，即完全从功能命令的角度所提出的十分复杂的动机模式是由哪些因素构成的。至于其他情况，可以说，围绕着已经得到明确界定的成就动机而形成的家庭职业私人性是从正面确定的，而公民私人性只是从负面，即根据对政治意志形成贡献不足来确定的。[3])

文化模式可以归入私人性的动机模式，它们体现了前资本主义传统因素与资产阶级传统因素的真正混合。资产阶级社会系统所必需的动机结构只是不完全地反映在资产阶级意识形态中。资本主义社会总是依赖于它们本身所不能再生产出来的文化条件：它们寄生在传统当中。这种情况首先表现在一系列的公民私人性上。一方面，就对行政系统的期望而言，公民私人性是由资产阶级形式法律传统决定的。另一方面，就对意志形成程序的消极态度而言，则始终是与传统主义的国家伦理，甚至与家庭取向紧密相关的。阿尔蒙德(G. A. Almond)和维尔巴(S. Verba)指出，在形式民主中，只有通过一种“混合”的政治文化(politische Kultur)才能实现稳定。资产阶级革命的政治理论还要求公民积极参与到以民主方式组织起来的意志形成过程中。[4]但在实际上，无论老式还是新型的资产阶级民主，都需要借助于一种政治文化，这种政治文化能够从资产阶级意识形态中去掉参与的行为期待，并且用前资产阶级传统所遗留下来的权威模式取代这种期待。阿尔蒙德和维尔巴谈到了资产阶级政治文化与传统家庭政治文化的混合；其中，积极性(Engagement)和合理性(Rationalität)找到了相应的特殊性和依附性心态：

> 如果精英应是强有力的，并能作出权威式的决策，那么普通人的涉入，主动性和影响力都要受到限制。普通公民应该把权力交给精英，让精英来统治。精英权力的需求需要普通公民相对地消极，不要涉入以及顺从精英。因此，民主制度下的公民被号召追求矛盾的目

> 标，他应该既是积极的，又是消极的；既是涉入的，又是不太涉入的；既是有影响力的，又是恭敬顺从的。[5]

另一种类型的系列动机可以从类似的角度加以分析。一方面，它是由占有性个人主义和边沁（Bentham）式功利主义[6]这种资产阶级所特有的价值取向决定的。另一方面，无论是中产阶级追求成就的职业精神（Berufsethos），还是下层阶级的宿命论，都需要用宗教传统来加以保障。这些传统通过相应的家庭结构和教育技巧而进入教育过程。而教育过程则带来了具有阶级特点的动机结构，即在资产阶级当中形成了压抑性的心性机制和个人主义成就意识，在下层阶级当中形成了外在的超我结构和常规的劳动伦理。“新教伦理”（protestantische Ethik）强调自我克制，强调世俗化的职业精神，杜绝不劳而获。“新教伦理”同时也注重非强制服从，宿命论立场以及不劳而获。同传统主义的对应立场一样，“新教伦理”也是以传统为基础的。只是，这些传统在市民社会的基础上无法得到更新。

此外，整个资产阶级文化也无法由自身再生产出来。它总是要依赖于传统主义世界观对动机的有力补充。因为，已经退缩到个人主观信仰领域的宗教，即使与资产阶级意识形态的世俗成分（即经验主义和理性主义的认识论，现代物理学以及现代自然法和功利主义的普遍价值系统等）结合起来，也不能满足被忽略的交往需求。各种真正的资产阶级意识形态完全凭借自己独特的内容而存在：

——面对个体生存所遇到的各种基本风险（如罪责、疾病以及死亡等），它们无法提供任何能够克服偶然性的解释（面对个体对拯救的要求，它们爱莫能助）；

——它们无法从人性的角度与客观自然（无论是外部自然，还是人类自己的肉身）建立联系；

——它们不允许在团体内部或个人之间靠直觉建立协同关系；

——它们不允许真正的政治伦理存在；无论在政治生活实践中，还是在社会生活实践中，它们给行为主体所提供的都是一种客观主义的自我解释。

资产阶级艺术在面对艺术外部的使用需求时，已经变得自律了。[7]只有它还积极抵制牺牲资产阶级理性化，并且要求进行补偿。资产阶级艺术在资产阶级社会物质生活进程中实际上变成了非法需求获得满足的避难所。我在这里所指的是那种追求模仿自然的愿望，那种对直系家庭中心主义之外的共同生活的协同需求，那种对免除了目的理性的命令而使想象力和能动性得以驰骋的交往经验的快乐追求等等。与私人化的宗教、科学化的哲学、策略功利化的伦理不同，资产阶级艺术没有承担经济系统和政治系统的任务。相反，它收集了在“需求系统”中无法得到满足的各种残余需求。因此，与道德普遍主义一起，(从席勒到马尔库塞的)艺术和美学就成为了资产阶级意识形态内部的爆炸性因素。[8]

社会文化系统不能长久地再生产出对于系统生存具有重要意义的一系列私人性，对此，我想分四步加以阐述。我想阐明的是：

1. 孕育了公民私人性和家庭职业私人性的前资产阶级传统正在瓦解，而且无可挽救。

2. 资产阶级意识形态的核心因素，如占有性个人主义和成就意识，正在因社会结构的变化而受到破坏。

3. 似乎已经暴露出来的规范结构，即资产阶级文化世界观，在我看来，一方面还可以在交往道德中见到，另一方面可以在后自律艺术趋向中见到，它们不允许任何具有相同功能的东西来代替被摧毁的私人性动机模式。

4. 资产阶级文化结构已经丧失了其传统主义的填充物，并且被剥夺了私人性的核心，但是，它们对于动机形式依然具有重要意义，因此不能把它们当作是装饰物而置于一边。

对于系统的持续生存具有重要意义的动机不能说是完全依靠失去作用或作用有限的文化传统而产生出来的。当然，我在这方面也仅仅是想收集将来进行经验论证用的论据和观点。因此，我将仅限于考察几个非常具有普遍意义的概念。

1. 作为资产阶级意识形态的背景和补充内容的传统主义世界观要素，在资本主义发展过程中逐渐削弱并逐渐瓦解。这是由于，一方面，它们同经济系统和行政系统的普遍社会结构力量不能相容；另一方面，它们同源于科学系统中的认知立场彼此冲突。社会结构的差异是策略功利主义行为领域扩张所造成的后果。自韦伯以来，人们从曾经受传统支配的生活领域的理性化角度对这些倾向进行了考察。[9]目的理性行为的亚系统在晚期资本主义发展社会的强力发展（以及交往行为领域的相应萎缩），主要是职业活动科学化的结果；其次是服务部门扩张的结果，由于这种扩张，越来越多的互动具有了商品形式；第三是原来非正式管理的政治和社会交往领域受到行政管理并法律控制的结果；第四是文化与政治商业化的结果；最后则是教育过程科学化和心理学化的结果。

再一方面，处于瓦解过程中的传统主义世界观与科学系统的命令之间存在着认知上的分歧。这种科学系统的命令通过一般的正式学校教育而变得具有约束力，并且在某种实证主义的共同意识中凝固成一种能够影响行为的综合因素。在我看来，稍微笼统地说，世界观的结构变化在今天主要有三种趋势：

首先，文化传统的支配因素正在丧失世界观的性质，即对世界、自然和历史的总体解释特征，追求复制出一种总体性的认知要求，屈服于各种对科学信息的一般综合，屈服于一种从外部领域退缩出来或失去理想特征并深入生活的艺术。

其次，自新教产生以来，信仰立场已经远远脱离宗教活动，变成了内在事件和私人事情，现在则再次被主体主义所打破。认真的自由习性（Habitus）从一开始就受到另一种认真态度的限定，与此相应的是承认相互竞争的信仰具有多元性：实践问题也就不再与真理有关，价值都是非理性的。

最后，道德观点于是也就脱离了理论的解释系统。资产阶级自我主义变成了普遍性功利主义的世俗伦理，本身脱离了自然法的论证语境，成为一种无争议的“常识”（common sense）。自19世纪中叶以来，这一过程就具有了自觉意识，成为一种对宗教和哲学的“扬弃”，这是一个极其矛盾的过程。今天，宗教甚至不再是私人事务；而在大众的无神论中，传统的乌托邦内容也受到威胁，并正在消亡。哲学已经放弃了其形而上学的要求，但是在居支配地位的科学主义中，消极的现实性必须用来为自身辩护的那些结构也变得支离破碎了。

2．随着社会转型，与私人性趋向直接相关的资产阶级意识形态要素也丧失了自己的基础。

成就意识形态(Leistungsideologie)：根据从近代自然法到当代竞选演讲所一贯表达的资产阶级观念，社会补偿应当按劳分配。按劳分配应该体现所有人的成就差异。[10]实现这一点的前提条件是：所有人都有平等的机会参与一种不受外在影响的竞争。市场就曾经是这样一种分配机制。自从大多数人逐渐认识到，社会力量在经济交换形式中发挥着一定的作用，市场就丧失了其作为按照系统要求分配生存机会的公平机制的信誉。因此，在有关成就意识形态的各种最新说法中，通过正规学校教育而获得的职业成功就取代了市场上的成功。然而，只有在下列条件得到满足的情况下，这种说法才有说服力：

（1）继续接受教育机会必须平等；

（2）在校表现的评价标准必须具有非歧视性；

（3）教育系统与就业系统必须同步发展；

（4）劳动过程的物质结构能够按照个人取得的成就进行评价。

从入学机会与评价标准的角度来看，自第二次世界大战以来，在所有晚期资本主义国家中，“教育公平”可以说是有所增强，但在另外两个方面，我们却可以看到一种相反的倾向[11]：教育系统的扩张，正在越来越独立于就业系统的变化。结果，从长远角度来看，正规的学校教育与职业成功之间的联系会变得越来越松散。[12]与此同时，在越来越多的领域里，生产结构和劳动过程使得人们越来越不能按照个人取得的成就而得到评价。相反，职业角色因素所发挥的外部功能对于提供职业地位却变得越来越重要了。[13]

此外，片面单调的劳动过程越来越侵入那些过去通过职业角色就能形成一种认同的部门。在依赖市场的劳动领域里，劳动过程的结构越来越不能给内在的成就动机提供支持。甚至在传统的资产阶级职业中（比如中高级雇员，熟练工人等），一种对劳动的工具主义态度也正在蔓延。但是，只有在下述条件下，工资收入才能充分地刺激起外在的成就动机：

（1）劳动后备军有效地成为劳动力市场的竞争压力；

（2）在低薪群体和非就业居民之间存在足够的收入差异。

今天，这两个条件都不能得到充分满足。甚至在长期存在失业的资本主义国家（如美国）里，劳动市场（根据有组织的部门和竞争部门）的划分，也干预了自发的竞争机制。在准无产阶级的阶层（奥康纳所说的“剩余劳动力”）中，（社会福利国家所确定的）“贫困线”日益提高，从而使低收入群体和暂时脱离劳动过程的群体的生活标准基本持平。由于这个原因，以及由于病人和犯人的再社会化努力，社会下层提高社会地位的竞争刺激大大削弱了。

占有性个人主义（Besitzindividualismus）：在历史上，市民社会把自身理解为一个完全凭私人财富来积累社会财富的工具群体，也就是说，在市民社会里，通过具有策略行为的个人之间的竞争，来确保经济增长和普遍福利。在这种情况下，集体的目标就只有通过占有性个人主义的取向才能实现。当然，这种优先系统（Präferenzsystem）的前提在于：

（1）私人经济主体能够以一种主体明确的方式确认和计算在一定时间内保持不变的需求；

（2）可以用个人所需要的商品（通常是用符合系统要求的货币报酬）来满足这些需求。

在发达资本主义社会里，这两个前提都不是很自然就能得到满足的。这些社会已经达到一定的社会富裕程度，预防某些基本的生活风险和满足“基本需求”不再成为问题。因此，个人主义的优先系统就不是那么太突出。可能得到满足的选择余地已经大大增加，在这样的前提下，独自确定的预先判断就远远不够了。社会化的雅文化原先曾经能够为新的消费机会提供一些有力的指导，现在不行了，尽管各国之间存在着差异。对于需求作出稳定的解释和再解释，已经变成与集体意志形成有关的事情。在这种过程中，自由交往只会被大众操纵所取代，即被强大的间接控制所取代。消费者的优先系统具有的自由度越高，对于供应者来说，市场政策的问题就变得越是令人不安。至少在想让消费者能够自由地按照各自确定的优先秩序作出决定时，情况是如此。消费者采取机会主义，来适应垄断竞争的市场策略，这是一种带有讽刺性的独立消费者。所谓独立消费者，是作为占有性个人主义的一种表象而保留下来的。此外，随着生产的日益社会化，集体所需要的商品在整个消费品中的份额不断增加。在复杂社会里，都市生活的条件依赖于基础设施(比如交通、娱乐、医疗保健以及教育等)的增加，而这种基础设施则越来越脱离具有差异性的需求和私人占有的形式。

交换价值取向(Tauschwertorientierung)：最后，我们所要注意的是市场社会化效果减弱的倾向，尤其需要注意的，一方面是那些不能通过劳动收入再生产出自己生活条件的人数在增长(包括学生、福利救济对象、靠养老金生活的人、病人、犯人以及军人等)，另一方面是具体劳动取代抽象劳动的活动领域在不断扩大(参阅第二部分第五章)。此外，随着劳动时间的缩短(和实际收入的增加)，人们越来越追求职业之外的休闲，这样就会直接使那些能用金钱满足的需求变成特权。

3．前资产阶级传统的腐蚀同资产阶级传统的腐蚀一样，也使不能再生产出公民私人性和家庭职业私人性的规范结构凸显出来。今天占支配地位的文化传统要素，是围绕着科学主义、现代机械复制艺术和普遍主义道德而定型的。在所有这些领域中，由于内在的逻辑，形成了不可逆转的发展趋势。结果便产生了文化屏障。这些文化屏障只有通过心理压制，即用超常的动机负担才能打破。德国法西斯主义就是一个例子。它极力实现对集体意识的压制，把意识降低到基本科学主义信念、现代艺术以及普遍主义的法律和道德的水准之下。

科学主义(Szientismus)：在发达社会里，科学系统所享有的权威产生了含混的政治后果。一方面，传统主义的信仰态度无法抵制现代科学所确立的对话语论证的要求。另一方面，对个别信息的短期通俗综合取代了总体性的解释，并在抽象意义上保证了科学的权威地位。因此，科学的“权威”就包含着两个方面的内容，即对武断偏见结构的广泛有效的批判，和专业知识及专家判断的神秘性。科学从科学主义的角度对自身的肯定，能够促进一种维系失去政治意义的公共领域的实证主义共同意识。[14]但是，科学主义也确立了一套标准，根据这些标准，它本身也会受到批判，并且被视为教条主义的残余。[15]专家治国论和精英理论肯定了制度化的公民私人性的必要性，但它们本身也不免会遭到非议，因为它们也必须提出理论要求。

现代机械复制艺术(Nachauratische Kunst)：现代艺术的后果则相对就不那么含混。现代性使得资产阶级艺术的自主性彻底独立于艺术外部的应用语境。有了现代艺术，才出现了一种史无前例的反文化，它产生于市民社会本身的中心，而又敌视占有性个人主义追求成就和利益的资产阶级生活方式。在19世纪的文化中心巴黎，最早出现了波希米亚主义(Boheme)，它体现了一种批判要求。[16]这种要求以前就在资产阶级艺术作品的气韵(Aura)中出现过：资产者在独自面对一件艺术作品进行沉思的时候会遇到“他者的自我”，遇到“人”，但是，“他者的自我”和“人”很快就会和资产者脱离开来，表现为一种先锋派的艺术形象，表现为一种异己的力量，至少像是一个诱惑者。在艺术美中，资产阶级曾经能够感受到自己的理想，并且能够从虚构的角度对一种在日常生活中无暇顾及的幸福前景加以补偿。但是，在激进的艺术中，它立刻就不得不发现自己是对社会实践的否定，而不是补充。在资产阶级艺术作品的气韵中，即在对已经世俗化，并且可以送进博物馆的圣物的恭敬欣赏态度中，会反映出一种对美的虚幻真实性的信念。这种信念与艺术气韵一起消失了。形式主义艺术作品相对于艺术观赏大众来说在艺术上是独立的，是一种新的怀疑形式。先锋派与资产阶级之间的分裂就是证明。在为艺术而艺术(l' art pour l' art)的口号下，艺术的自律性被推到了极端，这样就使人真实地看到，在市民社会里，艺术所表达的不是资产阶级理性化所提供的希望，而是由此造成的不可弥补的牺牲；不是一直存在而仅仅被推迟的奖赏的外在满足，而是完全无法忍受的体验。

在现代艺术的包装下，资产阶级艺术转变成了反文化。超现实主义表明，在一定标志的历史时刻，现代艺术号召摧毁无美可言的外在表象，从而使自己失去崇高意义而进入生活。艺术与生活的拉平并不是像本雅明(Walter Benjamin)所设想的那样，主要是由大批生产和大批接受的技术造成的，但是，大批生产和大批接受无论如何都加速了这种拉平趋势。现代艺术早已通过使生产过程变得明显可见，并使自身显得像是某种制造品，而抹去了资产阶级古典艺术的气韵。但是，只有当艺术放弃了自己的独立地位时，它才渗入使用价值的总体性。这个过程是很含混的，既可能是艺术堕落为宣传性的大众艺术或商业化的大众艺术，同时也可能是使艺术变为一种具有颠覆力量的反文化。对形式主义艺术作品的执著也同样具有矛盾的意义。一方面，这种艺术拒绝接受由市场决定的消费者的需求和态度所带来的压力，进而拒绝艺术的虚假扬弃，但另一方面，它依然是大众所无法企及的，因而也就阻碍了外行人拯救其强烈的经验。用本雅明的话说，这种经验就是世俗的启示。与本雅明的诊断相比，无论阿多诺的诊断是否正确，只要先锋派艺术没有完全丧失其语义学内容，没有像宗教传统那样日益衰弱无力，它就会强化社会文化系统所提供的价值与政治系统和经济系统所要求的价值之间的矛盾。[17]

普遍主义道德(Universalistische Moral)：在道德系统中，资产阶级意识形态丧失了该系统所需要的功能因素，由此而形成的对政治系统和经济系统的牵制效果，无疑比科学权威和自我瓦解的现代艺术所造成的效果要明确得多。在文明的早期发展阶段，道德秩序和法律秩序就分化了。在传统社会里，则有国家伦理调节着排他性的氏族忠诚和家庭忠诚：公民义务同家庭纽带之间存在着张力。由于规范系统的有效领域因国家伦理的出现而变得更加宽广，也更加抽象，所以，制裁权力也部分地形式化（法律化）、部分地内在化了。当然，道德系统和法律秩序依然被纳入统一世界观的解释架构，这种世界观使统治具有合法性。然而，一旦传统社会进入现代化过程，日益增长的复杂性就会引起各种控制问题，要求用超出近乎自然的文化系统所固有的速度，来加快社会规范的转型。这样就产生了资产阶级形式法（Formalrecht），从而使规范内容有可能从纯粹传统的教条主义中解放出来，并且能够有意识地对它们加以确定。实证化的法律规范一方面脱离了私人化的道德规范；另一方面则需要按照一定的原则来加以制定和论证。如果说抽象法律只是适用于国家权力所绥靖的领域，那么，建立在普遍原则基础上的资产阶级私人道德则不受各国之间持续存在的自然状态所限制。因为建立在原则基础上的道德（prinzipielle Moral），只有通过良心的内在权威才会受到认可，由于它具有普遍有效性要求，因此它势必会同依然与具体公民相联系的公共道德发生冲突。这种冲突是“人”的世界主义与公民的忠诚之间的冲突。只要国际关系还遵守强者的具体道德，公民忠诚就不可能具有普遍主义特征。

如果人们在普遍化和内在化层面上，遵循社会规范的总体系统的发展逻辑（并且抛弃具体的历史领域），如果内部道德和外部道德的之间区分消失，道德领域与法律领域之间的对立有所克制，一切规范的有效性都取决于有关各方的话语的意志形成，那么，就可以设想来结束这种冲突。但这并不排除强制性规范的必要性，因为（今天）还没有人知道，究竟在多大程度上能够遏止人们的侵略性，对话语论证原则的自愿认可能达到什么程度。只有在目前还仅仅是一种假说的阶段上，道德才会变成真正具有普遍意义。它也将不再是法律与道德相区分意义上的“纯粹”道德。只有在对可能原则进行证明的原则，即愿意对实践问题进行话语澄清，完全被内在化，而在其他方面对需求的持续解释被交给交往过程来完成时，内在化才可以说是彻底完成。

自由资本主义第一次使严格意义上的普遍主义价值系统具有了约束力，因为经济交换本身必须受到普遍调节，而且等价交换原则也提供了一种有效的基本意识形态，使得国家从传统主义的证明模式中解放出来。但是，在有组织的资本主义中，这种资产阶级合法性模式的基础瓦解了。与此同时，新的合法性需求出现了，并且在日益增长。然而，一旦实践话语被允许存在，道德系统就不能简单地抹去对集体所获得的道德意识水平的记忆，正如一旦理论话语被制度化，科学系统就不能退缩到已经获得的积累知识背后，也不能阻止理论进步。如果道德系统和科学系统如我现在所设想的那样遵循着一种内在逻辑，那么，道德进化和科学进步一样也取决于真理。

我想从资产阶级形式法律到政治普遍道德的非偶然性转变的角度，来阐释这个有力的论断。为了恰当地区分建立在原则基础上的道德的两个阶段，我将参照有关哲学体系对此的区分。

通过把(给我规范概念的)普遍化方法应用于它自身，我区分开了规范和原则。所谓原则，就是我用来建立规范的元规范。此外，普遍有效性是我把一个原则同其他原则区别开来的唯一正式考察点。因此，一种基于原则的道德就是一种只承认普遍规范的系统。所谓普遍规范，就是没有例外和特权的规范，有效性领域也没有限制。现代自然法(Naturrecht)曾经试图发展能够满足这些标准的法律规范系统。这些保障平等的规范普遍性能够通过法律规范的形式特点得到保障。形式性意味着法律规范所制约的不是(传统自然法或伦理意义上)具体义务，而只是一些抽象的许可内容。行为是不应该受到指挥的，而只能得到允许或禁止。因此，只有被承认的规范可以划定行为的活动范围，在这些范围内，个人可以独立自主，也就是说，可以不受限制地使用非法律手段，来谋求自己的特殊利益。这些利益本身在道德上也是中性的。只有整个法律系统由于最大限度地扩大一切公民的福利或自由，因而在道德上受到辩护。因此，伦理始终是合法性的基础。这可能是由于就其定义而言，形式法律通过划定法律行为的领域，也划出了道德行为的补充领域。

按照与自然法相同的标准，具有普遍主义特征的功利主义也表现为一个道德系统。根据具有普遍主义的功利主义，一切能最大限度地满足个人快乐或给个人带来好处的策略行为都是可以允许的，只要它们能够与其他人最大限度地满足自己的快乐或好处的机会不发生冲突。功利主义显然倒退到了传统职业伦理中所达到的内在化层次上：对于具有道德责任的主体来说，行为动机永远都是外在的。如果这些动机也要被纳入道德评价领域，那么就必须确定，这些唯一称得上是道德的善的行为，不仅符合一般法律，而且行为动机完全尊重法律（并没有从经验上考虑行为后果）。康德的形式主义伦理学（formalistische Ethik）把规范的普遍性标准同自主性的标准，即不受偶然动机左右的标准联系了起来。

但是，形式主义伦理学的局限性在于，与义务不相容的倾向必然会从与道德相关的领域中排除出去，而且还必然会受到压制。这样，社会化任何偶然阶段上所需要的解释都必须当作既定事实来加以接受。它们本身不能成为话语意志形成的考虑对象。只有交往伦理学（kommunikative Ethik）才是唯一能通过有效性要求的话语兑现，来保障得到承认的规范的普遍性和行为主体的自主性，而规范就是有了有效性要求才出现的。也就是说，对规范普遍性和主体自主性的保障在于，只有那些能够要求具有普遍性的规范，才是当人们进入或准备进入话语意志形成过程时，在没有任何强制的情况下，每个人都赞同（或将会赞同）的规范。因此，哪些部门在必要的时候应该通过妥协或正式的行为规范来加以调节，这个问题也可以成为讨论的对象。只有交往伦理学具有普遍性，而且它不像形式主义伦理学那样，局限于同法律规范相分离的私人道德领域。只有交往伦理学能够保障自主性，因为它“有决心和有意识”坚持继续把潜在冲突嵌入交往行为结构的过程，即社会化过程推向前进。

4. 即使说今天在仍然具有强制力的规范结构同政治系统和经济系统之间不存在任何功能上的一致性，动机危机还是可以凭借使文化系统脱钩而得以避免。我所说的脱钩（Entkoppelung），是指这样一种情况：即文化依然还是个人欣赏或专家研究的对象，而且甚至是某种受保护的自由之物，被行政手段置于保护之下，不过它和社会化过程脱离开来了。能够用来代替脱钩的文化因素的传统事物并不是那么容易识别的，撇开这点不论，可以认为，交往伦理学的基本信念以及体现现代机械复制艺术的反文化的复杂经验，今天对于若干阶层的社会化过程来说已经具有决定意义，也就是说，它们已经获得了塑造动机的力量。丢伯特（Döbert）和诺纳（Nunner）在一篇草稿中提出了这样一个论点：即我们越是不能成功地在传统主义规范的架构内为青春期问题找到一种平易的解决方法，文化传统中支配因素的“剩余语意”就越是具有意义，即与人的行为相关。肯尼斯顿（K. Kenniston）解释了用非常规手段克服青春期危机所具有的意义，指出年轻人对社会所提供的解释模式会采取一种反思立场，这就使得他们能够在与这些文化解释接触过程中确定自身的认同：

> 我们需要比以往更加明确地区分两类事物，一类是态度和信仰系统，另一类是使任何一种态度或信仰得以维持的认知架构或发展水平。詹姆斯（William James）很久以前就已经把原生者（Once-born）与再生者（Twice-born）加以区分对待。原生者是那些不假思索的天真无邪地接受他们童年信念的人。再生者可能恪守着同样的信念，但他们是经历了长期的怀疑、批判和检验之后才这样做的。仅就态度而言，原生者与再生者的信念是一样的，但是他们的思维定势、认知架构或发展水平是迥然不同的。换言之，我们不仅需要考察人们所持有的信仰，而且需要考察他们持有信仰的方式——他们世

界观的复杂性、丰富性以及结构。从政治和社会角度看，亚文化成员拥有相对主义的真理观，这比他们究竟是保守派还是自由派这个问题来得更重要。[18]

借助于这种区分，我可以把我的观点概括如下：青春期危机的发展形势越是经常地强制促成“再生”和防范出现青春期的常规后果，那么，人格系统层次上就越能反映出当今处于支配地位的文化传统因素及其失去意义的功能。从逻辑角度看，普遍主义价值系统和反文化经验情结最容易承受对传统的公开检验，青春期危机的常规发展形势有减弱的趋势，主要表现为以下几点[19]：

(1) 教育系统的膨胀延长了受教育时间，使得越来越多的人在青春期早期(13 到 16 周岁)发生心理社会迟滞，并使这一阶段延长(特殊情况下甚至到 30 周岁)；

(2) 认知能力的正规教育增加了下述可能性：即所提供的解释模式与被感知到的社会现实之间的差异将越来越扩大，从而使认同问题变得越来越尖锐；

(3) 平等家庭结构的发展和中产阶级教育方式的普及，推动了社会化过程，往往使青年人更容易产生青春期问题；

(4) 药学成果所造成的性禁忌的松弛(以及经济压力的在不同程度上的减弱)产生了如下后果：即对于青年人来说，没有焦虑的社会化过程会变得更有可能，而且经验的范围也会不断扩大。

此外，从目前角色系统所达到的复杂性程度可以推断，在晚期资本主义社会里，越来越多的社会成员必须具有根据角色行为来确定社会地位的普遍主义基础。由于只有在交往伦理学的形式中文化传统才能够可靠地提供一种合乎原则的道德，而且，这种道德在政治经济系统中并非没有冲突，因此，从一种非常规的青春期危机发展形式中就可能产生两种不同的后果：

(1) 退缩(Rückzug)，这是对于人格资源超载所作出的一种反应，肯尼斯顿以“被疏远者”为例考察和分析了这种行为征候。

(2) 抗议(Protest)，这是在既定条件下无法安定下来的一种自主的自我组织产物，肯尼斯顿根据“青年激进派”描述了这种行为征候。[20]

> 在年轻人中寻找批判该系统的潜力，是一件很有意义的事情，这一点也可以从前理论层次对合法化持批判和冷淡态度的行为征候中得到证实。在行为主义者(aktivistisch)方面，可以看到学生抗议运动、中小学生造反、和平主义运动以及妇女解放运动等。在退缩主义者(retreatistisch)方面则有嬉皮运动、耶稣子民运动、毒品亚文化、学校中的潜在现象等等。对于如此广泛的行为潜能，不能用经济危机理论中平庸的心理学假设(剥削导致反抗)来加以解释。[21]

注　释：

[1] 哈贝马斯：《论社会科学的逻辑》(*Zur Logik der Sozialwissenschaften*)，Frankfurt am Main，1970，第 290 页及以下诸页。

[2] 奥佛曼、克莱普纳(Kräppner)、克拉普曼(Krappmann)：《家庭与学校》(*Elternhaus und Schule*)，手稿，柏林教育研究所(Institut für Bildungsforschung，Berlin)。

[3] 科尔伯格(L. Kohlberg)：“阶段与序列：社会化的认知发展研究”(Stage and Sequence：The Cognitive Developmental Approach to Socialisation)，载：戈斯林编：《社会化手册：理论与实践》(*Handbook of Socialization*，*Theory and Research*)，Chicago，1969，第 397 页及以下诸页。

[4] 哈贝马斯：“自然法与革命”(Naturrecht und Revolution)，载《理论与实践》(*Theorie und Praxis*)，第 89 页及以下诸页。

[5] 阿尔蒙德(G. Almend)、维尔巴(S. Verba)：《公民文化》(*The Civic Culture*)，Boston，1965。

[6] 麦克弗森(C. B. Macpherson)：《占有性个人主义》(*Besitzindividualismus*)，Frankfurt am Main，1972。

[7] 穆勒(M. Müller)、布莱德坎普(H. Bredekamp)等：《艺术的自律》(*Autonomie der Kunst*)，Frankfurt am Main，1972。

[8] 马尔库塞(H. Marcuse)：《反革命与造反》(*Konterrevolution und Revolte*)，Frankfurt，1973。

[9] 凯斯勒(D. Käsler)编：《韦伯》(*Max Weber*)，1972；施洛赫特(W. Schluchter)：《官僚统治面面观》(*Aspekte bürokratischer Herrschaft*)，München，1972，第 236 页及以下诸页。

[10] 丢伯特(R. Döbert)、诺纳(G. Nunner)：《冲突和恢复潜力》(*Konflikt- und Rückzugpotenziale*)。

[11] 诺纳-温克勒(G. Nunner-Winkler)：《机会平等与个体要求》(*Chancengleichheit und individuelle Förderung*)，Stuttgart，1971。

[12] 哈通(D. Hartung)、诺特曼(R. Nuthmann)、温特哈格(W. D. Winterhager)：《职业政治学家》(*Politologen im Beruf*)，Stuttgart，1970。

[13] 奥佛：《成就原则与工业劳动》（*Leistungsprinzip und industrielle Arbeit*），Frankfurt am Main，1970。

[14] 本迪克斯(R. Bendix)：《科学信仰》（*Der Glaube an die Wissenschaft*），Konstanz，1971。

[15] 米特尔斯特拉斯(J. Mittelstrass)：《科学的实践基础》（*Das praktische Fundament der Wissenschaft*），Konstanz，1972。

[16] 豪塞(A. Hauser)：《文学和艺术的社会史》（*Sozialgeschichte der Kunst und Literatur*），第 2 卷，München，1953，第 44 页及以下诸页。

[17] 贝尔(D. Bell)："资本主义的文化矛盾"（The Cultural Contradictions of Capitalism)，载：《公共利益》（*Public Interest*），1970，第 16 页及以下诸页。

[18] 肯尼斯顿(K. Kenniston)：《青年与异端》（*Youth and Dissent*），New York，1971，第 387—388 页。

[19] 丢伯特、诺纳：《冲突和恢复潜力》。

[20] 肯尼斯顿：《青年激进派》（*Young Radicals*），New York，1968。

[21] 丢伯特、诺纳：《冲突和恢复潜力》；耐格特(O. Negt)、克鲁格(A. Kluge)：《公共领域与经验：对于资产阶级公共领域和无产阶级公共领域的组织分析》（*Öffentlichkeit und Erfahrung*：*Zur Organisationsannalyse von bürgerlicher und proletarischer öffentlichkeit*），Frankfurt，1972。

第八章

小　　结

以上论述虽然并不是很简略，也不足以说明晚期资本主义理论所必须回答的问题。但是，我想我似乎有理由得出以下一些宏观的结论：

1. 由于经济系统在国家面前丧失了其功能自主性，因此，晚期资本主义的危机现象也就失去了其自发性。晚期资本主义这一社会形态还不会出现我所说的系统危机。当然，它所表现出来的危机倾向，可以追溯到最初有效地排除系统危机所产生出来的结构中。由此，我们不难理解，周期性经济危机是如何减弱成为持久性危机（Dauerkrise）的。这种持久性危机一方面表现为已经被行政手段处理的实质（Materie），另一方面则仍是行政手段还不能完全控制的运动（Bewegung）。这并不排除，在某些格局中，对危机的控制是失败的，并产生了极其深远的影响。但是，这些格局的出现是人们再也无法作出全面预测的。

2. 由于政府采取行动，积极避免危机，因此，经济危机就被转移到了政治系统当中。具体方式是，通过提供合法化来弥补合理性欠缺；通过扩大组织合理性，来弥补表现出来的合法化欠缺。从发生学的角度来看，所产生出来的一些危机倾向，它们形成一些自下而上不断推进的危机现象。但是，从国家控制危机的角度来看，这些危机倾向在一定范围内又可以相互取代。决定这种范围的，一方面是财政上可以获得的价值量，危机理论是无法有效地预测这种价值短缺的，另一方面，是社会文化系统所提供的动机。因此，作为稀有资源的价值与意义之间的替代关系，对危机诊断具有决定性的作用。

3. 文化系统越是不能产生足以满足政治系统、教育系统以及就业系统所需要的动机，短缺的意义就越是应该被可以消费的价值所取代。为非普遍利益进行的社会化生产所带来的分配方式，也受到同样程度的威胁。不可随意改变的规范结构，乃是获得合法化的明确界限。它们不能再给经济系统和政治系统提供意识形态资源，反而使之遇到无法满足的过度要求。如果这种诊断是正确的，那么，就可以说，只有当晚期资本主义社会的潜在阶级结构得到改造时，或者，当行政系统所受到的合法性压力得到消除时，才能从根本上避免合法化危机。而要想获得这些条件，就必须把对内在自然的整合彻底转变为另一种社会化方式，也就是说，必须把内在自然的整合与需要证明的规范脱离开来。对于这种可能性，我将在最后一部分加以探讨。

第三部分

论合法化问题的逻辑

我在前面所讨论的动机危机原理有两个前提。首先，同弗洛伊德(S. Freud)、涂尔干(E. Durkheim)以及米德(H. C. Mead)一样，我的出发点也是，动机是在符号所表现出来的期望结构的内在化过程中逐渐形成的。内在化(Verinnerlichung)这一社会学概念(帕森斯)引出了一系列心理学层面上的问题。学习机制(Lernmechanismus)的精神分析概念(如对象的确定、认同、模式的内化等)，一部分是由大量关于学习动机的经验研究所提供的，一部分是由认知主义观念所补充的，或者是由学习理论所替代的。关于这一点，在此我无法展开详细论述。我要集中论述的是第二个更加重要的前提：即动机得以形成的价值和规范与真理之间有着一种内在关系。从个体发生学角度来看，这就意味着，皮亚杰(J. Piaget)所说的动机发展，是同具有认知意义的道德意识发展联系在一起的。道德意识的发展阶段可以从逻辑上用一系列有序的关于规范系统和行为控制的概念来加以重构。道德意识的最高阶段是普遍道德，它可以追溯到理性言语的基本规范。相对于各种相互竞争的伦理，普遍道德不仅可以提出一种经验上的优势要求(基于在个体发生时可以观察到的意识阶段)，而且也可以提出一种系统的优势要求(根据对其有效性要求的话语兑现)。在此，我所感兴趣的只是坚持实际有效的价值和规范与真理之间真实关系的系统方面。

韦伯关于合法统治的概念[1]，把我们的注意力引向对秩序的合法性信念，以及论证潜力同秩序的实际有效性之间的联系。合法性的基础揭示了"一种统治的有效性基础。换言之，即统治者要求官员服从，以及二者要求被统治者服从的基础"[2]。由于一切阶级社会的再生产都建立在对社会生产财富的特殊占有基础上，因此，凡是这种社会都必须解决不平等却合法分配社会剩余产品的问题。[3]它们所借助的是结构力量，也就是说，把合法满足需求机会的不平等分配固定在人们奉行的规范系统中。当然，对这种规范系统的实际承认，并不单纯依赖于人们对其合法性的信念，而是也依赖于对间接感受到的制裁的恐惧和服从，还依赖于因个人自身的无力感和别无选择（即个人想象力受到束缚）而造成的唯命是从。然而，只要对现存秩序合法性的信念消失，在制度系统中所蕴涵的潜在力量就会释放出来，或者表现为来自上面的公开力量（这只是一种暂时的可能性），或者采取参与范围扩大的形式（在这种情况下，合法满足需求机会的关键分配因素，即统治的压制程度，也会发生变化）。

> 很自然，一种"统治"的合法性也可以被视为一种可能性，即占有态度在一定程度上将能存在，而且相应的实际结果也会随之而来。这决不意味着，任何对当权者的服从都首先（甚至最终）依赖于这种信念。效忠可能是个人或整个集团出于纯粹机会主义原因而虚与委蛇，或出于自私的物质原因而奉命行事。人民的服从也可能是出于因别无选择而造成的个人软弱无助。但是，这些考虑对于统治类型的划分都不是决定性的。重要的是，在既定的情况下，特殊的合法性要求是在有特殊意义的程度上，而且是根据其类型而被视为有效的，而这个事实就确定了要求享有权威的人的地位，而且有助于决定行使权威的手段。[4]

在当代社会学中，合法化概念被公认是十分有用的，因为可以根据合法化的形式和内容来界定（韦伯所说的）合法统治的类型。而有争议的地方则在于合法化与真理之间的关系。如果人们认为系统由于缺乏"意义"资源，因而可能会造成动机危机，那么，我们就必须设定合法化与真理之间是有关系的。也就是说，合法化消失的非偶然原因只到能解释系统的"独立"演化，即依赖于真理的演化中去寻找，而解释系统则全面制约着社会的适应能力。

注　释：

[1] 韦伯(M. Weber)："统治的类型"(Die Typen der Herrschaft)，载：《经济与社会》(*Wirtschaft und Gesellschaft*)，Köln，1956，第1卷，第157页及以下诸页。

[2] 韦伯：同上书，第2卷，第701页。

[3] 伦斯基(G. Lenski)：《权力与特权》(*Power and Privilege*)，第43页及以下诸页。

[4] 韦伯：《经济与社会》，第1卷，第158页。

第一章

韦伯的合法化概念

在社会学方面，围绕着合法性依赖真理的争论，是由韦伯关于理性统治(rationalen Herrschaft)的模糊概念引起的。所谓“理性统治”，是指现代社会所特有的依法形成并由程序调节的统治类型。韦伯认为：

> 所有经验都充分表明，在任何情况下，统治都不会自动地使自己局限于诉诸物质的或情感的动机，以此作为自身生存的基础。相反，任何一种统治都试图唤醒和培养人们对其合法性的信念。[1]

韦伯甚至肯定：“一切权力，甚至包括生活机会，都要求为自身辩护。”[2]但是，如果合法性信念被视为一种同真理没有内在联系的经验现象，那么，它的外在基础也就只有心理学意义。至于这些基础是否足以稳定住既有的合法性信念，则取决于有关集团的先见机制以及可以观察到的行为倾向。但是，如果每一种有效的合法性信念都被视为同真理有一种内在联系，那么，它的外在基础就包含着一种合理的有效性要求，这种有效性要求可以在不考虑这些基础的心理作用的情况下接受批判和检验。在第一种情况下，只有论证理由的动机功能可以成为研究的对象。在第二种情况下，对动机功能的考察不能脱离这些基础的逻辑状况，也就是说，不能脱离可以批判的合理动机要求。即便这种要求以虚假方式提出，并且因此而确定下来，情况也必须如此。

对于理性统治观念来说[3]，这种选择意味着，在第一种情况下，至少满足两个条件，一种统治才可以说是合法的。这两个条件是：

(1) 必须从正面建立规范秩序；

(2) 在法律共同体中，人们必须相信规范秩序的正当性，即必须相信立法形式和执法形式的正确程序。

这样，合法性信念就退缩成为一种正当性信念(Legalität)，满足于诉诸作出一种决定的正当程序。但是，在合法性信念依赖真理的情况下，仅仅依赖于国家根据系统的合理规则所建立起来的立法垄断和执法垄断，显然是不够的。相反，程序本身就受到要求合法化的压力。因此至少还要满足一个条件：即这种正式程序的合法性能力的基础必须具体确定下来，比如，国家权力的程序潜能是根据宪法建立起来的。[4]

上述第一种观点，今天的代表是卢曼。他指出：

> 当纯粹正当性的合法性得到承认时，即当法律是由按照明确规则通过负责任的决定而产生，并因此而受到尊重时，社会的法律就被实在化了。因此，在关于人类共存的核心问题上，专制就变成了一种制度。[5]

卢曼在此遵循的是施密特(Carl Schmitt)所创立的决定论的法律学说：

> 法律的实在化意味着，任何既定的内容都可以获得正当的法律效力(Rechtsgeltung)，而这一点是通过一项决定实现的，这项决定赋予法律以有效性，也可以剥夺其有效性。实在法是通过决定而生效的。[6]

程序的形式规则足以作为决定的合法化条件，它们本身不需要进一步加以合法化。因为在任何条件下它们都能履行它们的功能，即消除不确定性。它们把决定出现的不确定性同决定将会出现的确定性联系起来。[7]规范所具有的抽象的绝对效力，使其除了在产生和应用时遵循正确的程序外，无须某种实质的支持，因此能够“稳定住行为期望，而消除失望，并因此而维护住结构”[8]。当然，只有在这种功能始终处于潜在状态，没有明显地具有应然的意义时，规范效力才能完成这种功能：“只要想对行为期望加以规范化，就都预先设定了处理失望和从事学习的社会程序。但是，它们不可能反映在规范的意义当中。”[9]在实际的合法性信念和规范的有效性要求背后，探查可以批判的有效性基础是毫无意义的。那种认为“必要时应该这样做”的虚构说法也是属于虚拟期望的构成因素。而这些因素只有从功能主义的角度才能理解，即把有效性要求当作是功能上所必需的欺骗。但是，如果正当性的信念没有受到动摇，这种欺骗就不能被揭穿。[10]

前面所提到的第二种观点的代表是温克尔曼(Johannes Winckelmann)。他认为，韦伯意义上的形式合理性不是正当统治的充分的合法性基础：正当性信念本身不具有合法化能力。而法律实证主义则要求一种建立在价值合理性基础上的普遍共识(consensus monium)：“价值合理性的先决条件构成了设定和实现规范的调节原则。只有这样的设定才能在规范上成为合法的，……即它们最终维持在以这种方式所确立的形式法律原则的范围内。”[11]如果能够提供论据，表明在一定的制度范围条件下，某些形式程序能够提出公正性的实质要求，而且只有在这种时候，正当性才能够造成合法化。“原则上，韦伯的合法统治概念指的是合理性，而且是价值合理性所确定的法定权威。这种权威只是在蜕化的形式中曾被扭曲为缺乏尊严的、价值中立的，而且纯粹具有目的合理性形式的合法统治。”[12]从解释学的角度来看，温克尔曼的观点是值得商榷的，因为它必然导致这样的结论：即合法性信念的价值合理性基础是可以论证和批判的。而这是同韦伯关于不同的价值体系和信仰力量[13]无法用理性来融合的多元论是格格不入的。[14]这个问题在这里并不是很重要，但是，从一种系统论的角度来看，假设基本的实质规范能够被论证，就会产生难题：也就是说，就必须在理论上把某些规范内容挑选出来。迄今为止，为传统自然法或温克尔曼本身所喜欢的现代自然法恢复名誉的哲学努力，不管它们的具体观点如何，都和对一种（舍勒或哈特曼所说的）实质的价值伦理（Wertethik）加以论证的尝试一样徒劳无益。而且，根本无须背上这种论证包袱，就可以证明正确性要求是能够用批判加以检验的。我们在每一种话语中（包括实践话语），都预先设定了理性言语的基本规范。只要依赖这些规范就足够了。

由此，我在同卢曼争论时，曾经从一种可以论证的合法性信念中推导出了正当性信念：

> 使一种规范得以存在的无争论程序，也就是一种程序的法律形式，本身仅仅保障了权威能够承担起对有效法律的责任。这种权威是在政治系统中建立起来的，具有一定的职能，并在该系统中得到承认。但是，这些权威是统治系统的构成部分。如果纯粹的正当性想被视为合法性的一种标志，那么，这个统治系统就必须在整体上被合法化。例如，在法西斯统治下，行政管理的法律形式至多有一种伪装功能。这就意味着，如果不能在行使统治的法律形式之外使统治系统合法化，那么法律的技巧形式本身，即纯粹的正当性，将不能永远保障得到人们最终的承认。卢曼承认，“为了使仅仅依据决定的选择运作获得接受，就需要提供特殊的理由”。但是，他认为，通过制度化的法律形式，即通过程序，“就能创造出承认这种决定的附加基础，从而使决策权力得以产生和合法化，也就是说，可以从具体运作的压制力量中独立出来”。然而，一种程序只有间接地通过与权威的联系才能提供合法性。而这些权威本身也必须获得承认。因此，资产阶级成文宪法中就包含着一系列不容修改的基本权利范畴。只要而且只有在把这份权利清单同一种关于统治系统的意识形态联系起来时，它才具有一种合法化的力量。此外，立法机构和执法机构决不是因其程序模式的正当性而被合法化的。它同样是由一种支持着整合统

治系统的一般解释赋予合法性的。资产阶级代议制理论和民权(Volkssouverät)学说都是这种意识形态的组成部分。决定论的法律学说的基本错误在于,它认为法律规范的效力可以基于决定而且仅仅基于决定。然而,行为规范的基本的有效性要求在任何场合中都意味着可以用话语加以论证(起码在潜在意义上是这样)。如果有约束力的决定是合法的,即如果它们能不受具体的权力运作和明显的制裁威胁所左右而独立形成,那么,它们就应该被视为公认规范的实现。这种非强制的规范有效性是建立在这样一个假定上的:即必要时规范能够得到论证而不为批评所影响。但是这个假定本身并不是自动产生的。它是一种承认共识并具有证明功能的解释的产物,换言之,是一种能够使统治合法化的世界观的产物。[15]

关于合法性信念同真理的关系的讨论,是由韦伯的正当性信念概念引起的。它同时也引出了各种有关证明一般行为规范和评价规范的可能性问题。这个问题不能用社会学来解决。如果对实践问题的求真能力产生争议的话,那么,我所坚持的立场就会发生动摇。因此,我将首先(在第二章和第三章)论证规范有效性要求的可能性,即它们获得合理承认的可能性。然后,在第四章,我将讨论(在我们的社会中),实际状况是如何涉及现存的规范系统的合法性要求的:对无需论证就可以接受的有约束力的决定是否在今天已经变成一种常规现象,或者,满足功能需要的动机是否依然可以通过需要证明的规范的内在化而获得。

注　释:

[1] 韦伯:《经济与社会》,第1卷,第157页。

[2] 韦伯:同上书,第2卷,第701页。

[3] 韦伯:同上书,第160页及以下诸页;第703页及以下诸页。

[4] 希阿拉(Ch. Siara):《马克斯·韦伯的资产阶级形式法》(*Bür gerliches Formalrecht bei Max Weber*), Frankfurt am Main,硕士论文,1968。

[5] 卢曼:《政治系统的社会学》(*Soziologie des politischen Systems*),第167页。

[6] 卢曼:"实在法与意识形态"(Positives Recht und Ideologie),载:《社会学启蒙》(*Soziologische Aufklärung*),第180页。

[7] 卢曼：《程序合法性》（*Legitimation durch Verfahren*），Neuwied，1969，第51页。

[8] 卢曼：同上书，第139页。

[9] 卢曼：同上书，第240页。

[10] 卢曼：同上书，第233页："结构把世界外部的复杂性还原为一种高度浓缩和高度简单的期待领域，这些期待是行为前提，通常是无需追究的。因为它们一直都是建立在欺骗的基础上，而且主要是依靠推广人的实际行为潜能建立起来的，所以它们必然会带来失望。"

[11] 温克尔曼(J. Winkelmann)：《马克斯·韦伯的统治社会学的合法性与正当性》（*Legitimität und Legalität in Max Webers Herrschaftssoziologie*），Tübingen，1952，第75—76页。

[12] 温克尔曼：同上书，第72—73页。

[13] 雅斯贝斯(K. Jaspers)：《马克斯·韦伯》（*Max Weber*），Oldenburg，1932。

[14] 请参阅蒙森(W. J. Mommsen)：《马克斯·韦伯与德国政治》（*Max Weber und die deutsche Politik*），Tübingen，1959，第418页："如果温克尔曼想用韦伯的民主统治理论来揭示价值合理性的所谓内在合法性界限，那么，这就是一个错误的解释。所谓的内在合法性界限所限制的只是形式法规。"

[15] 哈贝马斯、卢曼：《社会理论还是社会技术学？》，第243页及以下诸页。

第二章

实践问题与真理的关系

自休谟(Hume)以来，实然(Sein)与应然(Sollen)、事实(Tatsache)与价值(Wert)之间的二元关系已经被彻底澄清。这种二元论认为，根据描述命题或陈述命题，不可能在逻辑上推演出命令命题或价值判断。[1]在分析哲学中，这是用非认知主义态度处理实践问题的出发点。我们可以以此来区分开经验论与决定论这两条论证路线。经验论和决定论都趋向于认为，道德争执归根结底不能用理性来解决，因为能让我们推导出道德命题的价值前提是非理性的。但经验论认为，我们运用实用命题，如果不是为了表达言语者的态度和要求，就是为了唤起或控制听众的行为。分析哲学探讨道德语言的情感意义的，主要有语义学研究和语用学研究(斯蒂文森、门罗等)[2]。决定论则认为，实用命题属于一个独立的领域，其逻辑不同于支配理论经验命题的逻辑，与此相关的不是经验，而是信仰行为或决策。分析哲学中的语言逻辑研究就是从这个思路展开的，包括道义逻辑问题的研究(冯莱特)，或一般性命令语言的形式结构的研究(黑尔)[3]。

下面，我用伊尔廷(K. H. Ilting)的一篇有启发性的文章作为例子。该文把上述两种论点联系起来，旨在拒绝认知主义对于论证实际命题的要求。伊尔廷试图用语言分析的手段，来恢复卡尔·施密特所持的霍布斯立场。[4]

他提出了无法进一步加以论证的先验决定，以便从祈使命题(命令)中推演出规范。基本的祈使命题意味着：

(1) 言语者想使某事成为现实；

（2）言语者想让听众采纳和实现他所希望的事态（第97页）。

第一点是一种明确的意志；第二点则是一种要求。伊尔廷进一步分析了要求中所包含的思想，对听众接受和贯彻这种思想的要求，以及听众接受或拒绝这种要求的意志行为。作出遵从他人命令的决定，无论在逻辑上还是因果关系上都不是要求“造成”的；“可期望实现的，……仅仅是听众本身所愿意做的，或者是在会带来更大弊端的威胁驱使下所愿意做的”。听众从面对命令作出选择中究竟得到什么好处，则完全取决于经验动机。如果双方都同意对彼此的要求作出让步，从而在互惠的基础上把两种命令联系起来，那么，就可以说有了一种契约（Vertrag）。契约建立在契约双方都“承认”的规范基础上：

> 对公共规范的承认，造成了某些行为期望。这种期望能够使某一参与者完成符合他人利益的这一事情显得合理。但是，接下来，要求另一方现在完成曾经同意做的事情，就不再仅仅是一种他可以有选择接受或拒绝（如同一种命令）的期望，它就变成了一种要求（Anspruch）。他先前已经承认这种权利要求，以此作为他行为的条件。（第100—101页）

伊尔廷为重建规范系统所提出的命令主义概念，对于实现非认知主义的目标是很有利的。因为祈使命题（愿望、命令等）的认知因素仅限于命题内容（“理想的事态”、要求所包含的“思想”等）。当规范是经由缔约者的选择而产生效力时，意志行为则只能具有经验动机（也就是说，要求或兴趣发挥了作用）。所以，一种规范也就可能根本不包括能容纳认知依据或认识争议（即论证或异议）的内容。试图通过其他方式，而不诉诸具有经验动机的契约协议，来“证明”实用命题的合理性，将是毫无意义的：

> 寻找对相互承认的契约规范的证明，已没有什么更大的意义。

双方曾经有足够的动机来承认契约规范……。人们要求对遵守契约协议这样一种规范进行证明，同样也几乎是毫无意义。（第101页）

伊尔廷所提出的结构，其外在内容和它自身的地位是很不相称的，但应该根据其目的来加以评价，其目的是，尽可能充分地解释规范的意义和作用。然而，它并不能充分地解释规范意义的一个中心因素，即应然或规范效力。规范是有约束力的，其有效性要求也正在于此。但是，如果仅仅是经验动机（如倾向、兴趣、对惩罚的恐惧等）在维持着协议，那么，就无法理解当缔约双方的原始动机发生变化后，他们为什么还会继续感到共同规范的约束。伊尔廷的结构是不恰当的，因为它不允许我们对服从具体命令和遵守主体间共同承认的规范之间的关键性差别作出解释。因此，伊尔廷认为有必要提出一种辅助性假设：

对一种“基本规范”的承认，总是预先包含在对其他规范的承认当中；承认一种规范应该被视为一种意志行为，这种行为将来也会被用来反对意志本身。（第103页）

然而，承认这样自相矛盾的基本规范的动机又会是什么呢？规范有效性不可能建立在人自身不能改变规范的义务上，因为最初的利益格局会随时发生改变，而且按照伊尔廷的设想，独立于其利益基础之外的规范，完全缺乏任何规范性制约意义。另一方面，如果人们想避开在一段不确定的时间里，用规范来固定变动的利益格局这一难题，并允许作出各种修改，那么，就应该有可能分辨出进行修改的正当有效的动机。如果任何的动机变化都成为改变规范的充足理由，那么，我们就难以充分解释清楚，一种规范的有效性要求不同于一种要求的命令意义究竟意味着什么。另一方面，如果只可能存在经验动机，那么各种动机就几乎一样了，因为其本身的存在就是它的合法性。能够与其他动机相区别开来的动机，仅仅是我们能为之提出理由的动机。

从上述思考中我们可以看出，如果我们不诉诸动机合理的协议，或至少诉诸一种信念：即对所推荐的规范的共识可能具有充分的理由，那么，我们就无法解释规范的有效性要求。在这种情况下，那些仅仅需要知道一项命令意味着什么的缔约模式是不能说明任何问题的。适当的模型应该是有关人员组成的交往共同体（Kommunikationsgemeinschaft）。这些人作为实践话语的参与者，对规范的有效性要求加以检验，一旦他们有理由来接受规范的有效性要求，他们也就形成了一种信念：即在既定环境中所提供的规范是“正确的”。规范的有效性要求的基础不是缔约双方的非理性行为意志，而是由理性所产生的对规范的承认，这些规范在任何时候都可以接受质疑。因此，规范的认知因素并不仅限于规范的行为期望的命题内涵。规范有效性要求本身就具有一种假设意义上的认知性。这种假设就是：规范的有效性要求可以用话语来兑现，即它可以用参与者通过论辩达成的共识来加以论证。

命令主义所建立起来的伦理，缺少一种真正能够对实际命题进行证明的层面，即进行道德论证的层面。正如韦伯和波普尔的情况所表明的，肯定会有一些观点为道德争论留下了余地，同时又坚持从决定论的角度处理价值难题。原因在于，有一种严格的理性观念，它仅允许演绎论证存在。由于有效的演绎论证既不能产生新的信息，又不能对其构成因素的真理价值有任何补益，所以，道德论争就局限于如下两个任务：通过分析来检验价值前提或基本价值系统的一贯性；根据经验来检验从价值前景出发选择目标的现实性。这种“对价值的理性批判”决不会改变选择优先系统的非理性特征。

汉斯·阿尔伯特（Hans Albert）在把批判理性主义的基本原理应用到元伦理学方面更进了一步。[5]如果说我们像批判理性主义那样，放弃了科学中的论证观念，同时却又坚持了从证伪的角度对批判检验的可能性加以解释。那么，伦理学放弃论证要求就并不一定会产生决定论的后果。因为认知要求同实践要求一样，是受制于有选择的理性动机评价，所以，阿尔伯特坚持认为可以对实践命题加以批判检验，而且这种批判检验和对理论经验命题的批判检验没有什么两样。由于他把"对矛盾的积极探索"纳入到价值问题的讨论当中，所以，道德辩论除了负有检验价值的一贯性和目标的现实性这些任务之外，还会负有从批判的角度继续发展价值和规范的创造性任务：

> 当然，众所周知，从事实陈述中不能直接推导出任何价值判断。但是，根据修正后的事实信念，某些价值判断可能被证明与我们原先所坚持的某些价值信念格格不入。……由于我们会发现新的道德观念，从而使原先解决道德问题的方法显得可疑，因此就会导致其他类型的批判的出现。根据这种观念，这些解决问题方法的某些值得商榷的特征过去是不被注意的，或被视为不证自明的，现在则变得非常明显了。这样就产生了新的问题，正如由于新观念的出现在科学中所发生的情况一样。（第 78 页）

这样，阿尔伯特就把传统实用主义（尤其是杜威[6]）早已提出的关于对继承下来的价值系统进行理性阐释和批判发展的观念引进了波普尔的批判主义。诚然，即使是这种纲领就其核心部分而言，也依然是非认知主义的。因为它坚持在不可能由理性促成的决策同只有通过演绎证明才能进行的论证之间作出选择。即使是特意引进的"架桥原则"(Brückprinzipien)，也不能克服这种鸿沟。批判理性主义放弃论证，是为了消除虚假，这种观念不能使通过话语获得的理性共识抗拒韦伯关于价值系统和信仰力量的多元论。只要论证的力量只能在反驳论证演绎的能力中获得，那么，经验论和（或）决定论的界限就不可能被克服。这些界限使所谓的价值多元论不受实践理性的侵犯。

相反，无论是皮尔斯(Peirce)，还是图尔明(St. Toulmin)[7]，都在下述事实中看到了论辩的理性推动力：即知识进步是通过实际论证而发生的。这些实际论证都是建立在逻辑推理基础上的，但它们并非完全消耗在逻辑的陈述体系中。实际论证既可能兑现也可能批判有效性要求，不论这些有效性要求是在肯定论断中所暗含的真实性要求，还是与规范(行为规范或评价规范)相联系的，在建议和告诫中所包含的正确性要求。它们有力量使话语的参与者相信有效性要求，也就是说，能够为承认有效性要求提供合理根据。所谓实际论证，就是解释(Erklärung)和证明(Rechtfertigung)，即不是把命题，而是把言语行为(Sprechakte)联系在一起的语用学单位。所谓言语行为，就是表达中所使用的命题。这种联系的系统性必须在话语逻辑的架构中加以阐明。[8]在提供论断根据的理论话语中，共识是根据不同于实践话语中的论证规则而产生出来的，实践话语的规则是用于证明所推荐的规范的。但是，理论话语和实践话语的目标都是一样的：即得出一种关于承认或否定用话语可以兑现的有效性要求的理性动机的决定。

从合理动机的角度承认行为规范的有效性要求，其意义是从动机的话语程序中产生出来的。论述可以说是撇开经验和行为背景的交往形式，其结构使我们确信，论断、建议或告诫等的所谓有效性要求是唯一的论述对象；除了需要考虑对有关的有效性要求进行检验这一目标外，参与者、主题和进言都是不受限制的；除了论证的说服力外，其他任何力量都不起作用；结果，除了合作探求真理的动机，任何其他动机都被排斥在外。如果在这些条件下，通过论证，也就是说，通过假说所提出的可选择的证明，产生了一种关于接受某个规范建议的共识，那么，这种共识就体现了一种理性的意志(vernünftiger Wille)。由于所有被涉及的人在原则上都至少有机会参与实际的讨论，所以，这种话语意志的“合理性”就在于：被提高到规范地位的相互行为期望在没有欺骗的情况下使共同利益具有了正当有效性。利益之所以是共同的，原因在于，没有强制的共识只接受所有的人都会想要的东西；利益之所以没有欺骗，原因在于，那些对需求的解释也必须成为话语意志的形成对象；每个人在这种解释中都能找到所需要的东西。经过话语形成的意志，之所以具有“合理性”，原因在于，话语与讨论状况的形式特点足以保证，共识只会通过被适当解释的普遍利益而产生。这种利益，我指的是能够通过交往而被大家分享的要求。只要论证希望对利益的普遍性加以检验，而不是听命于一种关于表面上具有终极意义的价值趋向多元论，那么，决定论对实践问题的处理的局限性就会被克服。在此应该讨论的不是多元论这种事实，而是那种论断，即用论证是无法将普遍利益同那些特殊利益区分开来的。诚然，阿尔伯特提到了各种形态的“架桥原则”，它们多多少少都具有一些偶然性。但是，他没有提到唯一能使实践理性表现出来的原则，即普遍化原则。

只有依靠这一(普遍化)原则，才能把伦理学中的认知主义观念与非认知主义观念区分开来。在分析哲学中，“好理由研究”(good reason research)导致了策略性功利主义的契约道德的复兴。“好理由研究”的出发点是，如何才能为行为 X 提供比行为 Y 要“更好”的理由。这种契约道德根据普遍有效性来区分基本义务(格莱斯[9])。另一种论证则回到了康德那里，旨在使绝对命令同先验哲学的背景分离开来，用语言分析的方法，将其重新建构成“普遍性原则”或“一般化论证”(贝耳、辛格[10])。埃尔朗根学派(Erlanger Provenienz)的方法论哲学也把自己的道德论证理论视为实践理性批判的复活(洛伦岑、施魏默[11])。眼下我们更感兴趣的，不是在讨论实践问题时所容许的对讨论语言的规范化，而是“道德原则”的引入问题。这种道德原则要求每一位实践话语的参与者都要把自己的主观愿望变成普遍愿望。因此，洛伦岑提出了一种超主体性的原则(Prinzip der Transsubjektivität)。但是，引入这种或那种类型的普遍化原则，都会导致一种原则循环论证的问题。而只有这种原则才能够使得对规范的证明成为可能。洛伦岑把道德原则称作一种“信仰行为，……如果从否定的意义上把信仰规定为接受某种未经证明的东西”[12]。因此他就承认了一种残余的决定论问题。但是他取消了这种信仰行为的武断性，因为他声称，讨论活动中的方法操作能够训练人的理性态度。理性是不能被演示的，但在一定程度上可以通过社会化而加以灌输。施魏默则给这种解释换了一种说法，如果我理解正确的话，他一方面诉诸对自发的互动语境中所进行的主体间言行实践的先验理解，另一方面则诉诸由此产生的不用强力调节冲突的动机。但是，方法论哲学的终极论证要求迫使施魏默也必须强调一个第一决定(ersten Entschluss)：

> 道德原则是建立在一种共同实践的基础上，我在此力图逐步激发和揭示这种共同实践。在这种共同行动中，我们改造了我们的愿望，从而使我们把对愿望的共同改造视为使我在第一地点从事共同实践的原始愿望(动机)的实现。为了共同建立道德原则，就需要参与共同实践，由此便有一个无需经由更多言语来证明的"决定"。而这种参与首先使理性行为变得可能。这种理性行为顾及并理解其他人的愿望。[13]

洛泽(Max Looser)、吕舍(Luescher)、马西耶夫斯基(Maciejewski)和迈纳(Menne)等在其著作中分析了施魏默的概念所存在的疑难：

> 为了开始建构符合规范的言语，一个必要条件就是，个体一开始就已经处于一个共同的言语和行为环境中，并且在这个语境中通过参与自由交往，参与施魏默所说的"实践话语"的先验形式而达成一致，从而共同建立起一种经过论证的言语方式。这种参与是在未阐明的条件下实现的。这一点可以有下述事实来证明：埃尔朗根学派的尝试并不自认为是由历史所确定的。这种尝试可以被视为是对在不受强制支配，也就是说，在话语型的交往中解决实际问题的原则的继承和发展。相反，他们没有把对话和强力之间的抉择本身放到实践哲学的解释架构中。[15]

只要人们注意到，对规范有效性要求的话语兑现的期望已经包含在主体间性结构当中，从而使特意引入的普遍化原则变得多余，那么，由于道德原则的引入而产生的争端就能够得到消除。在接受实践话语的时候，我们必然会设想一个理想的言语情境。这种理想的言语情境凭借自己的形式特点只容纳一种能够代表普遍利益的共识。认知主义的语言伦理学根本不需要任何原则。它完全是建立在理性言语的基本规范上。如果我们终归要进入话语的话，我们就一定要预先设定这些规范。可以说，普遍语言的这种先验性能够在普遍语用学的架构内加以重建。埃尔朗根学派也含蓄地把这种先验性视为规范言语的结构基础。[15]

注　释：

[1] 波普尔(K. R. Popper)：《开放社会及其敌人》(*Die offene Gesellschaft und Ihre Feinde*)，第1卷，Bern，1957，第5章："自然与常规"(Natur und Konvention)，第90页及以下诸页。

[2] 斯蒂文森(L. Stevenson)：《伦理学与语言》(*Ethics and Language*)，New Haven，1950；门罗(D. H. Monro)：《经验主义与伦理学》(*Empiricism and Ethics*)，Cambridge，1967。

[3] 黑尔(R. M. Hare)：《道德语言》(*Die Sprache der Moral*)，Frankfurt am Main，1972。

[4] 伊尔廷(K. H. Ilting)："论承认"(Anerkennung)，载：《伦理学问题》(*Problem der Ethik*)，Freiburg，1972。本章以下如仅注页码均引自本书。

[5] 阿尔伯特(H. Albert)：《论批判理性》(*Traktat über kritische Vernunft*)，第3章，第55页及以下诸页；米特尔斯特拉斯(J. Mittelstrass)：《科学的实践基础》(*Das praktische Fundament der Wissenschaft*)，Konstanz，1972，第18页。米特尔斯特拉斯正确地指出，波普尔和阿尔贝特的三难选择源于毫无根据地将演绎证明同一般证明等同起来。阿佩尔在其《哲学的转型》(*Transformation der Philosophie*)第2卷《交往共同体的先验性》(*Das Apriori der Kommunikationsgemeinschaft*)(Frankfurt am Main，1973)，第405页及以下诸页中区分了演绎证明和先验证明，将批判理性主义的非反思性归结为对论证语用学层面的忽视：由于预先规定了同符号语用学层面的脱离，因此，论证就不再有任何人的主体，从而也不存在对我们总会预先设定的论证条件的反思的可能性。相反，这里有的是元语言、元理论等的无限等级结构，在这种结构中，作为论证主体的人的反思能力，既变得可以被感知，可以掩藏起来。但是，我们十分清楚，我们的反思能力是隐藏在无限倒退的难题背后，它使某些东西，如哥达尔(Goedel)意义上的模糊性论证成为可能。换言之，正是在下述论证中体现了对论证的先验语用学主体的自我反思认识。这个论断是：论证可能性的主观条件不可能在论证的句法语义学模式中被客观化。(第406页及以下诸页)

[6] 杜威(J. Dewey)：《确定性的寻求》(*The Quest for Certainty*)，New York，1929。

[7] 图尔明(St.Toulmin)：《论据的使用》(*The Uses of Argument*)；关于皮尔斯，请参阅阿佩尔(K. O. Apel)："从康德到皮尔斯：先验逻辑的符号学转型"(Von Kant zu Peirce：Die semiotische Transformation der Transzendentalen Logik)，载：《哲学的转型》(*Transformation der Philosophie*)，第157页及以下诸页。

[8] 哈贝马斯："真理理论"(Wahrheitstheorien)。

[9] 格莱斯(R. Grice)：《道德判断的基础》(*The Grounds of Moral Judgement*)，Cambridge，1967。

[10] 贝耳(K. Baier)：《道德观点》(*The Moral Point of View*)，Ithaca，1958；辛格

(M. G. Singer)：《伦理学中的普遍化》(*Generalization in Ethics*)，London，1963。

[11] 洛伦岑(P. Lorenzen)：《常规逻辑学与伦理学》(*Normative Logics and Ethics*)，Mannheim，1969；"科学主义与辩证法"(Szientismus versus Dialektik)，载：《伽达默尔纪念文集》(*Festschrift für Gadamer*)，Tübingen，1970，第1卷，第57页及以下诸页。施魏默(O. Schwemmer)：《实践哲学》(*Philosophie der Praxis*)，Frankfut，1971；布拉舍(S. Blasche)、施魏默："方法与辩证法"(Methode und Dialektik)，载里德尔(M. Riedel)编：《实践哲学的复兴》(*Rehabilitierung der praktischen Philosophie*)，Freiburg，1972。

[12] 洛伦岑：《常规逻辑学与伦理学》，第74页。

[13] 施魏默：《实践哲学》，第194页。

[14] 手稿，最初发表在卡姆巴特尔(F. Kambartel)主编的关于实践哲学讨论文集当中。

[15] 请参阅阿佩尔："交往共同体的先验性与伦理学"(Das Apriori der Kommunikationsgemeinschaft und die Ethik)，载《哲学的转型》，第2卷，第358页及以下诸页。在这篇精彩的论文中，阿佩尔概括了自己进行重建的尝试，阐述了其交往伦理学的基本观点："由于预先设定了主体间的共识，对真理的追求也应该预先设定一种理想交往共同体的道德。"(第405页)当然，即使在阿佩尔那里也产生了一种剩余的决定论问题：

> 在我看来，凡是提出关于道德原则证明问题的人，都已参与了讨论。人们能够以洛伦岑和施魏默所提出的重建理性的方式，使他意识到他已经接受的基本原则，而且他应该通过有意的确认把这个原则当作论证的可能性和有效性的条件来加以接受。凡是不理解和不接受这一点的人，都会退出讨论。但是，凡是不参与讨论的人，就不能提出关于基本伦理原则的证明问题。因此，谈论他的无意义的问题和向他推荐一项勇敢的信仰决定，都是毫无意义的。(第420—421页)

然而，只要人们忽视下述事实，那种有意的肯定就只会被化成为一种存在行为。这个事实是：话语被放到生活语境当中，不是偶然的，而是必然的，这种生活语境特别脆弱的真实性就在于对话语有效性要求的承认。凡是不参与或不准备参与论证的人，也都"已经"处于交往行为的环境中。在这种情况下，他已经承认了在言语行为所包含的，只能通过话语来兑现的有效性要求。尽管这种要求是以假定方式提出来的。否则，他就不得不置身于由交往所确立的日常实践的语言游戏之外。方法论的唯我主义的基本失误不仅包括关于独自思想的可能性假定，而且也包括关于独自行动的可能性假定。下述设想是极其荒谬的，即具有言语和行为能力的主体能够把交往行为推到极限，即长期承担工具行为和策略行为的独白角色，而又不丧失自身的认同。通过交往而社会化的个体，其生活的社会文化形式在每一个互动环境中都产生了一种纯粹交往行为的"先验幻觉"。与此同时，它在结构上把每一个互动环境都归结为理想的言语情境的可能性。在这种理想的言语情境中，行为所接受的有效性要求可以用话语来加以检验(哈贝马斯、卢曼：《社会理论还是社会技术学？》，第136页及以下诸页)。如果人们首先把交往共同体理解为互动共同体而不是论证共同体，理解为行为而不是话语，那么，从解放的角度来看，"现实"的交往共同体与"理想"的交往共同体之间的重要的关系(阿佩尔：《交往共同体的先验性》，第429页及以下诸页)，也就可以从纯粹交往行为理念化的角度来加以考察(参阅我为《理论与实践》新版所写的导言，1971，Frankfurt，以及我为《认识与兴趣》袖珍版所撰写的后记，1973，Frankfurt)。

第三章

普遍利益的压制模式

我在前面偏离正题，考察了当代伦理学问题，是为了证明实践问题能够容纳真理这一论断。如果这个论断是正确的，那么，可以证明的规范就能同纯粹用于稳定各种力量关系的规范区别开来。如果规范体现了普遍利益，那么，它们就是以一种理性的共识为基础的（或者说，如果实践话语能够产生，那么，它们就会找到这种共识）。如果规范不能调节普遍利益，那么，它们就是基于力量。因此，我们说有一种规范权力（normative Macht）。

但是，有这样一种情况，规范权力能够间接得到证明，这种情况就是妥协（Kompromiss）。如果各方权力平衡，我们就说特殊利益之间的常规均衡是一种妥协。分权是一种秩序原则（Ordnungsprinzip），旨在保障特殊利益领域中的权力平衡，以达到妥协。另一种秩序原则体现在资产阶级民法中；资产阶级民法规定了有策略地谋求个人利益的自主行为领域。它预先设定了个人之间的权力平衡，从而使对非普遍利益的妥协没有必要。这两种情况都运用了能够加以证明的普遍主义原则，但前提在于：受到规制的利益的普遍性是不容否定的。但这点又只能通过话语来加以检验。因此，分权和民主并不是处于同一层次上的政治秩序原则。

如果民主的意志形成不受到保障自由的分权原则的限制，这种意志形成就会变成压制。这是一种反启蒙思想的主题。谢尔斯基（Helmut Schelsky）在谈到1972年联邦德国的选举时重提了这个主题：

按照被经常重申的政治基本法(Grundverfassung),联邦德国体现了“自由民主这一基本秩序”中的两种原则的和谐。在这一模型中,自由原则先于民主原则,这点也许并非偶然。然而,如果当权者在施政纲领中公开宣布,在这个以原则性为基础的基本秩序中“民主优先”,那么,这个纲领也就必然含蓄地承认可以“减少自由”,虽然没有公开承认这一点。[1]

只要我们看到下述情况，这个两难选择就会自动消失：

(1) 只是在需要调节的利益领域无法用话语来证明，因而需要妥协的地方，才会合法地引入分权；

(2) 用一种能够达成共识的方式来区分特殊利益和普遍利益，这一点只能用话语的意志形成手段来实现。

此外，针对谢尔斯基的判断，社会民主党提出了“劳动和资本的权利平等”的口号。他们以此来重申在利益领域中实现分权的要求；这个领域尽管一直是被排斥在话语的意志形成过程之外，但其中确实不乏普遍利益。然而，在晚期资本主义社会里，即使未来在权力平衡的条件下实现了一种“阶级妥协”，但只要用话语来检验是否涉及双方的特殊利益的可能性被彻底排斥，那么，这种妥协的可证明性就依然是可疑的。实际上，各方的特殊利益不允许有理性意志的出现，因而只能达成妥协。

只有在下面两个条件都得到满足时，妥协才能被证明是妥协：即各方的权力形成均势，谈判的利益具有非普遍性。如果形成妥协的这些基本条件有一个没有得到满足，那么这就是一种假妥协(Scheinkompromiss)。在复杂的社会里，假妥协是一个重要的合法性形式。但是，从历史上看，它们并不是通例。在传统的阶级社会和自由资本主义的阶级社会里，通行的是意识形态的证明形式，它不是断言，就是假定各种利益存在着一种普遍性。在这种情况下，合法性是由解释形成的(包括叙事描述，比如在自然法中，以及系统化的解释和论证等)。这些解释具有双重功能，一是证明规范系统的有效性要求是合法的，二是避免使话语的有效性要求成为话题和受到检验。这种意识形态的特殊成就在于，它们用一种不引人注目的方式全面地限制住了交往。[2]因此，只有从压制普遍利益的模型出发，并且将某一时期的规范结构与在其他条件不变情况下经过话语形成的规范系统的假设状态进行比较，一种具有意识形态批判特征的社会理论才能确定社会制度系统中所固有的规范权力。这样一种虚拟的重构，洛伦岑称之为“规范发生程序”[3]，我认为可以用普遍语用学的观点来加以推导和确证：在生产力发展的某一阶段，社会系统的成员如果能够而且愿意通过话语的意志形成来决定社会交往的组织形式，并且充分了解该社会的有限条件和功能要求，那么，他们将如何从集体的角度对他们的需求作出负责的解释？[4]普遍利益的压制模式，只有通过提出经验性假设，才能给社会理论提供丰硕的成果。这种压制模式既要求解释统治外表合法性的功能必要性，又要求解释意识形态批判颠覆有效性要求的逻辑可能性。

我们可以用这样一个立场来作为出发点：即只有当规范确定的合法满足需求的机会分配建立在参与者实际达成的共识基础上，追求制度化的价值的行为取向才是没有争议的。但是，只要产生了观点分歧，就会在各种有效解释系统的范畴中发现压制普遍利益的“不公正”。这种对利益冲突的意识，一般足以促使人们用利益导向行为取代价值取向行为。于是，在具有政治意义的行为领域中，交往行为方式就让位给另一种行为类型，即策略行为。这里所说的“利益”（Interesse）实际上是需求。在撤销合法性和产生冲突意识的情况下，这种需求从支持传统的共同价值形态中脱离出来，具有主观特征。

冲突理论的这些观点可以在两个层次上同话语模式联系起来。首先，从经验上，我认为，有关各方的利益格局在冲突时足以与必然在当事者中有所表现的利益相吻合，如果这些当事者在同一时间内进入实践话语的话。其次，在方法论上，我认为，用虚拟设想来重构有关个人或团体隐私的利益立场，是有意义的，也是有可能的。在冲突的极端情况下，各方都被迫有意识地认识自己的利益，并从策略上贯彻自己的利益，而不是像在正常的情况下，仅仅用实现制度的价值来满足基本利益。马克思在分析阶级斗争时肯定也是从这些或类似的观点出发的：

(1) 把特殊利益和普遍利益彻底区分开来；

(2) 把对受辩护的利益和受压制的利益的意识理解为导致冲突的充分动机；

(3) 根据论证来划分社会集团的利益结构。

社会科学家只能用假设来反映这种利益的划分；而且，只有采用有关的个人和集团之间的实践话语形式，才能对这种假设作出直接的证明。如果已经划分清楚的利益立场能够与关于冲突动力的预见联系起来，那么，就可以根据可以观察到的冲突作出间接的证明。

奥佛对可选择的尝试做了有益的考察。这些尝试旨在“建立一种批判标准，以决定政治系统的选择性，从而避免系统论方法和行为主义方法过于复杂所带来的困难(这两种方法无法把受到压制，因而没有出现的潜在要求和需求勾画出来)”[5]。

由于显而易见的基本原因，前面提到的三种选择是无法实现的：

——“潜在的需求可以从人类学的角度来确定。这时，未被满足的总体需求就表现为一种非事实、一种选择性，选择性是政治系统的统治特征。”(第85页)但是，迄今为止所提出的各种冲动理论(Triebtheorie)，甚至无一能够成功地使人相信，关于人的永恒需求结构的假设既有意义，又能经得起检验。我认为，最著名，也最透彻的冲动理论是精神分析学说，由此可以清楚地看出，我们是无法从理论上预测攻击潜能和欲望的冲动潜能的活动范围的。[6]

——在客观主义的历史哲学架构中，可以根据明显的结构特点，来区分不同的利益。但是，目的论的历史解释采用一种循环的证明结构，因此无法使人相信这些解释的经验参照物：

> 这种仅仅被推测属于“正统”马克思主义系列的方法，冒着把应该用分析来证明的东西(即政治统治组织的阶级特征)提高为理论前提的危险，同时冒着把具体制度系统的选择性历史特点贬得一文不值的危险，而不管该系统是否能够与教条的阶级观念取得一致。(第86页及以下诸页)

——最后还有一种规范分析方法。这种方法取决于对多多少少具有常规意义的理想状态的公开选择。社会科学的系统分析是在这种意义上按照规范进行的，因为迄今为止，还没有任何理论使我们能够弥补与生物控制论相对应的社会科学功能主义的落后状态，用非武断的方式来把握社会系统的目标状态。[7]常规主义的系统分析具有一种比较单薄的经验内容，因为它只能在随意选择的功能参照点上偶然遇到具有因果效应的机制：

> 其分析的局限性在于这种情况：即它无法区分制度系统的系统选择性与一定规范的纯粹偶然的伪现实状态(这些规范只有靠维持选择的结构才能得到实现)。(第86页)

奥佛所提到的其他策略属于另一个层次。它们可以说是对被压制的利益的经验特征的探寻：

> ——人们可以从内在出发来利用“要求”与“现实”的对立。这种关于宪法的批判文献通常所使用的方法(宪法要求对抗宪法现实)面临着巨大的论证压力：对于批判所涉及的现实所无法承受的要求，不仅会逐渐受到破坏，而且会彻底受到破坏。(第88页)
>
> ——人们可以辨识出政治系统中所确定的排斥规则，可能是采取行政法、民法和刑法的程序规则形式。因为几乎无法设想，社会系统本身能够以符号化的形式来表示在该系统中行之有效的全部限

制，所以，用这种程序来分析结构的选择性是不适当的。（第88页）

——还有一种可能性……不是根据政治行政过程同其自身的要求或宪法要求来比较……而是同它们无意引起的系统的“误解”和过分的解释相对照。（第89页）

（当然，人们不应当指望政治系统随时都会对遭到否定的要求提供明确的支持。）

——最后，人们可以采用比较的方法来确定排斥原则。在其他条件不变的情况下，用这些规则可以区分不同的政治系统。……但是，在有些情况下，各系统共有的选择性不会进入考察的视野，而在其他情况下，能够使其他条件不变的条款得到严格贯彻的前提却很难得到满足。（第87页）

只要理论概念贫乏，寻求经验标志时的这些缺点就微不足道了。法律规范和法律事实之间明显的差距、符号化的排斥原则、实际要求与政治上所允许的满足水准之间的差距、国际比较中越来越清楚可见的压制等等，所有这些现象都与其他冲突现象具有同样的地位：只有当它们能够在进行描述和评估的理论系统中得到应用时，危机分析才会涉及它们。这样，就出现了一种标准的辩护模式。我在此所指的不是对冲突集团目标的经验主义批判反馈。这些目标建立在前理论的经验基础上，也就是说，在选择时是有所偏向的。因为后一种表述使偏向无须论证。相反，社会批判理论的辩护作用在于，它能够在一种模拟现实的集团话语中确定虽然受到压制但却具有普遍意义的利益。区分这些集团的是利益冲突；利益冲突可能是公开的，也可能是实质上存在的。一种辩护话语[8]只能导致一种假定的后果。但是，人们有希望在前面提到的一些层面上找到用于检验这类假设的明显标志。

注　释：

[1] 谢尔斯基(H. Schelsky)："更多民主还是更多自由？"(Mehr Demokratie oder mehr Freiheit?)，载《法兰克福汇报》(*Frankfurter allgemeine Zeitung*)，1973，第7版。

[2] 哈贝马斯："解释学的普遍性要求"(Der Univeralitätsanspruch der Hermeneutik)，载：《解释学与意识形态批判》(*Hermeneutik und Ideologiekritik*)，Frankfurt am Main，1971，第120页及以下诸页。

[3] 洛伦岑：《科学主义与辩证法》。

[4] 哈贝马斯："论价值判断的论证问题"(Einige Bemerkungen zum Problem der Begründung von Werturteilen)，载：《德国第九届哲学大会文集》(*Verhandlungen des 9 Deutschen Kongress für Philosophie*)，Meisenheim，1972，第89页及以下诸页。

[5] 奥佛：《阶级统治与政治系统》，第85页。

[6] 哈贝马斯：《认识与兴趣》(*Erkenntnis und Interesse*)，第344页及以下诸页。

[7] 请参阅丢伯特的博士论文；以及施密特(G. Schmid)："卢曼的功能结构主义的系统理论"(N. Luhmanns funktional—strukturelle Systemtheorie)，载：《政治季刊》(*PVJ*)，1970，第186页及以下诸页。

[8] 哈贝马斯：《技术和科学作为"意识形态"》(*Technik und Wissenschaft als Ideologie*)，第137—138页。

第四章

个体的终结？

我一直试图证明，实践问题是可以用话语来处理的，社会科学有可能分析清楚规范系统与真理之间的关系。在复杂的社会里，动机的形成是否实际上依然与需要证明的规范密不可分，或者说，规范系统是否已经丧失与真理的联系，这是一个悬而未决的问题。

人类以往的历史证实了涂尔干的人类学观念。涂尔干一直都是把社会视为一个道德现实(eine moralische Realität)。古典社会学从不怀疑，只有与保障认同的世界观和道德体系联系起来，具有言语和行为能力的主体才能塑造起同一的个性。同一的个性需要有一种能够提供同一性，并且保障秩序的生活世界视角。这种生活世界应当既有认知意义，也有道德实践意义：

> 社会最重要的功能是规范化(nomization)。关于这一点的人类学前提是，人对意义有一种渴求，这种渴求似乎具有本能的力量。人生来就不得不把一种意义秩序强加给现实。但是，这种秩序则是以将世界结构秩序化的社会活动为前提的。个人若是脱离社会就会面临无数他仅靠自己是无法应付的危险，甚至是自身毁灭的危险。脱离社会，也会给个人造成无法忍受的内心紧张，这种紧张源于人类的社会性这一根本的事实。但是，这种脱离的最大危险乃是无意义这一危险。这种危险是最可怕的噩梦。陷入这种危险，人就陷入一种混乱无序、麻木不仁和疯癫狂乱的世界。现实和身份就将被扭曲成无意义的恐怖形象。正是在避免这种迷乱恐怖的极端不健康状态的

> 意义上，生活于社会之中就是健康的。失范之令人无法忍受，以至于人们宁可去死。反之，为了追求在一个规范的世界中生存，也许要以各种牺牲和痛苦为代价，甚至以生命本身为代价，如果个人相信，这种最大的牺牲具有规范意义。[1]

维护世界解释系统的基本功能是避免混乱，即克服偶然性。统治秩序和基本规范的合法性，可以说是这种“意义赋予”功能的具体表现。宗教系统最初是把塑造个人认同和团体认同的道德实践任务（一方面，把自我从社会群体中区分出来，另一方面，把社会群体从自然环境和社会环境中区分出来），与对世界的认知解释（克服由于应付外部自然的技术所带来的生存问题）紧密联系起来；以至于可以把一个缺乏控制的环境的各种偶然因素和人类生存的各种风险一同加以处理。在此，我所想到的是生命周期的各种危机，社会化的各种风险以及对身心健康的损害（如罪责、孤独、疾病、死亡等等）。宗教所许诺的“意义”总是矛盾的：一方面，通过意义许诺，它维持着迄今为止仍是社会文化生活形式构成因素的要求，即当人们想知道为何会有世界，世界是如何发生的，如何才能证明他们的所作所为或应有的作为具有正当性时，他们就不应满足于虚构的臆想，而应当以“真理”为满足。另一方面，意义的许诺也总是暗含着一种对慰藉的许诺，因为所提供的各种解释都不仅使人们意识到不安定的偶然因素，而且也使人们能够忍受这些因素，即使是在它们不可能作为偶然因素而被彻底消除的时候。

在社会发展的原始阶段，生存问题以及人类在接触外部自然时所产生的偶然性经验，是十分严峻的，因此必须用一种口头产生的关于秩序的幻觉来加以平衡。这在神话内容中可以看得很清楚[2]。随着对外部自然的控制日益增强，世俗知识越来越脱离世界观，世界观也越来越局限于其社会整合的功能。科学最终建立起解释外部自然的垄断权，否定了传统的宏观解释，把信仰方式变成科学主义的态度，只允许人们信仰客观主义的科学。在这一领域里，偶然因素得到了承认，并且在很大程度上被技术所控制，这就使得它们不会带来灾难性的后果：自然灾害被视为世界范围内的社会事件(Sozialfälle)，其影响也因大规模的行政运作而大大减弱。有意思的是，战争的后果同样也被纳入受控制的人性范畴。相反，由于社会共存领域的复杂性日益增长，一些新的偶然因素就大量出现，而人类驾驭偶然因素的能力并没有相应得到提高。于是，在面对自然的时候，就不再产生对于解释的要求，这种解释应该能够克服偶然因素，消除尚未得到控制的偶然事件的偶然性；但是，这种要求却因为受到失控社会过程的压力而以一种强烈的形式重新表现出来。今天，社会科学无法再承担起世界观的功能。相反，当它们最终从客观主义历史哲学中产生出来的时候，它们也就消解了秩序的形而上学表象。与此同时，社会科学也促使可以避免的偶然因素不断增多；因为就它们目前的水平而言，它们既不能产生出社会用于驾驭偶然因素的技术知识，也不相信强有力的理论策略能够揭示唯名论意义上明显的偶然因素的复杂性，从而把握社会进化的客观内容。鉴于个体生命存在所面临的风险，当然还无法想象有一种能够解释清楚孤独感和罪恶感、疾病和死亡的理论。个体的身心必然会具有的各种偶然因素，只有在作为偶然因素时才被人们意识到：我们根本无法摆脱这些偶然性，只能与之共处。

此外，随着各种世界观的认知意义日益贫乏，道德也形式化了，并且失去了各种有意义的解释。实践理性再也无法在先验主体中找到根基。交往伦理学此时仅诉诸理性言语的基本规范，即一种最终的“理性事实”(Faktum der Vernunft)。当然，如果人们把这个理性事实视为一种简单的事实，无须进一步的解释，那么就不可能理解，为什么从中还会产生一种能够把人们的自我理解组织起来，并且能够指引人们行为的规范力量。

在这点上，我们就可以回到我们开始时所遇到的问题。如果随着认知因素与社会整合因素的分离，世界观也被打破了的话，如果维护世界的解释系统今天已无可挽回地属于过去，那么，又由谁来完成建构自我认同和集体认同的道德实践任务呢？一种不再与关于自然和社会的认知解释相关联的普遍主义语言伦理学：

（1）自身是否足以稳定可靠？

（2）是否能够从结构上保障世界社会中的个人认同和集体认同？

或者说，一种没有认知基础的普遍道德是否必然会萎缩成一种浮华造作的同义反复（Tautologie），其中落后于事物变化的理性要求仅仅是用自身的空洞肯定来对付人们客观主义的自我理解？在一种丧失效力的普遍主义道德的辞藻伪装下，影响着社会文化生活形式的社会化模式是否已经发生变化？系统论的新的通用语言是否标志着，“先锋派”已经开始退缩为特殊身份，像当代美国保留地上的印第安人那样，在自发的世界社会系统中定居下来？最后，这样一种明确的退缩是否意味着否定塑造动机的规范与真理之间的内在联系？

当然，仅仅指出各种世界观的发展逻辑，还不足以给这些问题一个肯定的回答。原因在于，首先，在当代神学讨论（潘能伯格、默尔特曼、索勒、默茨）中[3]，我们可以看到有一种将圣经遗产再政治化的倾向，与此同时还有一种消除此岸世界和彼岸世界区分的倾向。但这并不意味着彻底清除上帝观念的无神论，尽管在这种思想批判迷雾中似乎很难完整地保留住上帝位格的观念。上帝的观念被转化成一种逻各斯的观念，这种逻各斯的观念支配着信徒团契以及正在自我解放的社会的实际生活语境。上帝变成了一种交往结构的名称。这种交往结构迫使人们在由于人性的丧失而遭受惩罚时去超越他们偶然的经验本性，为此，他们通过并非他们本人的客观事物而间接相互遭遇，彼此邂逅。

其次，人们从来没有明确地解决下述问题：即想思考失去神话意义的同一世界的哲学是否也可以用科学论证的手段来加以捍卫？科学当然不能承担起世界观的功能。然而，一般的理论（无论是社会发展的理论还是自然理论）[4]与科学思想之间的矛盾，小于与实证主义自我误解之间的矛盾。如同受到彻底批判的世界观一样，这种理论策略也提出意义承诺，即克服偶然性。但是，与此同时，它们的目标在于想方设法从这种许诺中消除真实性要求和纯粹虚幻的现实满足之间的矛盾。我们再也不能用制造理性化幻觉来避免已经发现的偶然因素。

世界观的发展逻辑并不排除同真理相关的社会化模式继续存在。这一事实也许令人欣慰。然而，高度复杂社会的控制命令，必然要求动机形成过程脱离能够进行证明的规范，并且把附属在规范结构中的上层建筑置于一边。如果这种情况发生了，合法性问题本身也就不存在了。思想史上的某些思考就反映了这种倾向。我想扼要地来回顾一下这些思考：

1. 一百多年以来，我们可能注意到，在哲学中，在文化悲观主义所支配的时代意识中，以及在政治理论中，弥漫着一种犬儒主义的资产阶级意识，它仿佛要自我否定。尼采把这种与现实形成鲜明对比的思想退缩体验推到了极端："为什么虚无主义的出现会成为必然？因为我们迄今所拥有的价值本身导致了它的出现；因为虚无主义是我们重大价值和观念的最后逻辑结果；因为在我们能够发现这些价值实际具有什么价值之前，我们必须体验虚无主义。"[5]尼采既触及了规范有效性要求效果的历史失落，又涉及了达尔文主义对自然主义理性的自我毁灭的推动，他用"信仰先天综合判断如何成为必要"取代了"先天综合判断如何成为可能"，用"价值评估"取代了"真理"。知识理论被一种关于效果的透视理论所取代，其基本原理在于："任何信仰，任何信以为真，都必然是虚假的，因为根本不存在什么真实的世界"。[6]尼采指望他的发现会产生振聋发聩的效果。他的英雄主义风格也显示了割断启蒙运动普遍意义的脐带给他所造成的痛苦。这种矛盾心理也体现在 20 世纪 20 年代人们对尼采的接受上，其中包括本(Gottfried Benn)、施密特(Carl Schmitt)、容格(Ernst Jünger)、盖伦(Arnold Gehlen)等。今天，这种痛苦要么已变成怀旧心理，要么就让位给一种新的天真心理。实证主义和存在主义这两种互补的思潮为这种天真心理提供了基础。正如尼采曾经指出的，凡是在实践问题中依然讨论真理可能性的人，至少是过于老派了。

2. 在民主理论的重新构成中，可以极其清晰地看到，资产阶级理想倒退了（当然，从一开始就被一种激进的自由主义理论所取代了）。[7]针对马克思主义对资产阶级民主的批判，莫斯卡（Mosca）、帕累托（Pareto）以及米谢尔斯（Michels）等提出了精英统治理论，作为针对自然法理想主义的一剂现实主义的科学解药。熊彼特（Schumpeter）和韦伯把这些反启蒙的因素都结合起来，形成大众民主理论。他们那种有节制的悲怆依然体现了一种为了更好地洞察悲观的人类而似乎必须作出的牺牲。新一代直言不讳的精英理论家已经超脱于犬儒主义和自怨自艾。他们把托克维尔（Tocqueville）看作先驱，并推崇善意的精英统治理论，用以取代不辨良莠、玉石俱焚的黑暗的集权主义。巴赫拉赫（Peter Bachrach）阐述了“精英民主统治理论”中值得注意的倒退过程[8]，这种理论的代表是科恩豪塞（Kornhauser）、利普塞特（Lipset）、杜鲁门（Truman）以及达伦道夫（Ralf Dahrendorf）等。从这种观点看，民主不再取决于那种顾及一切人的普遍利益的生活方式内容。它现在仅仅是一种选择领袖的方法和领导手段。在民主体制下，通过实现对自决权和参与权的基本兴趣来满足一切合法利益的条件，不再得到承认。它现在仅仅是按照系统要求分配奖赏的手段，即满足私人利益的调节器。这种民主使得无自由的富裕成为可能。民主同政治平等，即政治权力的平等分配或者说行使权力机会的平等分配等，不再有任何联系。政治平等现在仅仅意味着接近权力的平等机会的形式权利，即“竞选职务的平等资格”。民主不再具有通过公民参与意志形成的话语过程使统治理性化的目标。相反，它要在统治精英之间达成妥协。因此，古典民主理论的精髓最终也被抛弃了。需要服从民主意志形成规则的，不再是一切具有政治后果的决定过程，而仅仅是那些依然被说成是具有政治性的行政决策。这样，一种取代了民众自治的精英多元论，使得个人行使的社会权力摆脱了合法性压力，使之可以不受理性的意志形成原则的影响。依据新的统治理论，满足民主的前提条件在于：

(1) 选民可以在相互竞争的精英中进行选择;

(2) 精英们无法使自己的权力变成世袭权力,也无法阻碍新的社会集团获得精英地位;

(3) 精英们依赖于变化不定的联盟的支持,因此任何排他性的统治形式都会取而代之;

(4) 支配不同社会领域,如实业界、教育界、艺术界的精英无法结成统一的联盟。[9]

3. 从思想史上可以看到,实践理性受到不同的摧毁,我已经列举了一些例子来揭示资产阶级意识中的某些变化。对此我们可以作出各种不同的解释。要么涉及的是摆脱普遍主义要求、自治主张和真实性期望的特定历史现象,因为只要对它们提出诉求,就会危及晚期资本主义的阶级妥协;要么涉及的是一种普遍的趋势,这种趋势在没有其他选择的情况下坚决反抗着一直流行的文化(而不顾及其资产阶级的来源),坚决反抗人类历史上的基本生活方式,在这种生活方式中,社会再生产的逻辑是通过包含着真理的规范而发挥作用的。激进的解释认为人类的社会化模式受到怀疑;这种解释的核心观点,可以概括为"个体的终结"(Ende des Individuums)。

兰德曼(Michael Landmann)断言:"个体的人的三千年黄金时代已经到头了。"[10]他的这一断言依然可以说是对一种文化批判的继承。这种文化批判认为,人类精神的一种具体的历史形态同古代欧洲一起消亡了。但是,我在此想到的是那些断言资产阶级个体形态已经死亡的更不留情面的解释:从这种观点来看,高度复杂社会的再生产迫使对原有的构成要素进行调整。随着资产阶级个体的历史形态,出现了要求在独立的,也就是说,经过理性论证的实践架构中实现自主的自我组织的主张。当然,这种要求还没有得到满足。在这种要求中展示出一种经过个人化而实现的普遍的社会化逻辑。尽管这种社会化还没有彻底展开,但它从一开始就发挥了作用。如果这种再生产形式以及合乎逻辑地包含在其中的命令要求被一起抛弃的话，那么，社会系统就不再能通过建构具有社会化的个人认同来建立自身的统一。普遍性和特殊性的组合对于社会的集群状态将不再有任何意义。

霍克海默和阿多诺把这种思想发展成为一种“启蒙辩证法”。维尔默(A. Wellmer)将其概述如下：

> 人们为了摆脱对自然的屈从，而不得不身陷其中的外部命运，同时也是他们的内在命运，即理性自作自受的命运。最终的结果是，主体的人“正是为了他们，才开始对自然的征服，使之物化和去魔”。本身如此受到压迫、受到物化并自以为是清醒，以至于他们谋求解放的努力导致了相反的结果，强化了使他们遭受欺骗的环境条件。由于颠覆了万物有灵的世界观，启蒙辩证法已经开始出现，这种辩证法在资本主义工业社会中被推到这种程度，即“人在人的面前变成了神”。[11]

这种分析与盖伦和谢尔斯基的分析是一致的，一致之处不在于论证手法，而在于具体内容。谢尔斯基反思人在科学文明中的自我观念，最后得出了这样的结论：“科学技术的创造过程”导致“全面割断以往的历史”，“导致人类认同的改变”：

> 这种对“人”的反思，并不仅仅是关于人类用科学技术进行自我生产的道德意识形态反思。这是对人类进入具有新科学文明世界所遭受的新的自我异化的论证。创作者在其作品中丧失自我，建设者在建设中丧失自我。这种危险现在是人所面临的形而上学诱惑。人类从毫无保留地让渡自己退缩到自己制造的客观现实，变成一种人为的存在。但是，人类依然在不懈地努力运用科学技术使自身客观化的过程得以持续发展。如果说人类曾经理解到理性的技术劳动世界乃是自身与世界的分裂，是对一种古老的自身与世界的有机统一

> 的疏远，并为此感到痛惜，那么，人类毫无生气的建构和赢得的这种新的人与世界的统一，现在日益成为一种人类在那种分裂中所获得的特性的威胁。忍耐那种分裂，忍耐黑格尔面对“时代的混乱”所提出的最终要求，曾经使得人们有可能与其旧有形而上学的主体性统一起来，其原因在于这样做就使得后者从开始的劳动社会的世界中“解放”出来。今天，那种分裂已经历史性地消失了。从世界与人的重新统一中所表现出来的形而上学失落感，集中反映在对形而上学的渴望当中，凝聚为对处于世界分裂和异化状态的主体性自由的回忆。[12]

但是，谢尔斯基的观点并不是始终如一的，当他恢复到一种彻底超越社会领域的角度时，他主张把“持续的形而上学反思”作为一种有效的手段[13]，使感到威胁的个体能够避免客体化的压力，重新在“社会的界限”之外树立自己：

> 自身反思意识的不断增强，就正好是意识的成果被科学技术客体化所促成的。思维主体正是以这种方式极力使自己领先于自身的客体化，从而保障自己对于自身的世界进程的优势。[14]

谢尔斯基是在《否定辩证法》(*Negative Dialektik*)问世前十年写下这段话的。再没有什么能比这些话更适用于阿多诺的一生。但是，阿多诺比谢尔斯基更加始终如一，他对资产阶级个体的死亡并不抱有幻想，相反，他甚至在“持续反思的制度化”[15]中看到了一种完全是掩饰个性毁灭的个性评价。在题为“小丑”(Dummer August)的笔记中，阿多诺写道：

> 如果以为个体已经得到了彻底的解决，那就未免太乐观了。在对他的最终否定，在通过社会组合而消灭单子的意义上，这种看法是

> 正确的，但这其中也同时包含着对个体存在的拯救，这种个体存在正是由于具有普遍性而成为特殊物。目前离这一步还很遥远。之所以会造成灾难，并不是由于对既有之物的连根去除，而是由于受到历史谴责的东西被拖延下来，死气沉沉，黯然无光，软弱无力，并且在不光彩地堕落着。在已经被彻底控制的人类集群中，个体依然存在，他甚至受到保护，并获得唯一的价值。但是这实际上仅仅是他自身独特性的一种功能，一种类似被儿童好奇地注视和嘲弄的畸形人的展品。因为他不再是独立的经济存在，他的本性便与他的客观社会角色发生矛盾。正是由于这种矛盾，他被保护在自然保护区里，以沉思为乐事。[16]

关于资产阶级主体性的荣耀和贫困的讨论，很容易就具有一种无约束性。因为在黑格尔看来，我们并没有匆忙深入意识历史。这在维尔姆斯(B. Willms)的论证中变得更为清楚。他力图站在盖伦和卢曼的中间立场上，重新使用黑格尔的思维方式。他把资产阶级个体的认同形式投射到国际关系层面上，把资产阶级主体的荣耀比做帝国主义强权地位(美国、欧洲)在世界历史上的一般特性，而这种地位今天正被中国和"第三世界"所削弱。因此，资产阶级主体的"贫困"也就在于他的未被认识的特殊性。如果用卡尔·施密特的眼光来解读黑格尔的法哲学，那么，上述观点可能是有道理的。但是，人们必然会提出这样一个问题：即语言伦理学的形式结构是否只反映了一种关于人性的决定论的垄断假设？从康德到黑格尔和马克思，都用语言伦理学的形式结构来揭示资产阶级人道主义。"市民社会的历史就是人的定义历史。"[17]或者说，这种还原本身是否并非是许多早已完成但却同时是武断的关于资产阶级自我摧残的说法之一？对于这种自残现象，阿多诺论证说："关于资产阶级意识批判，人们只能耸肩，所有医生都已经悄悄达成共识，认定它已死亡。"[18]

4. 迄今为止，个体的终结这一主题还没有脱离知识分子的不安感觉和自我体验的领域，而受到经验的验证。但主体性不是一种内在事物，因为个人的反思能力随着他的外化而成比例地增强。自我认同是一种符号结构，随着社会变得日益复杂，也必然越来越脱离自己的重点，这样才能使自己保持稳定。个体面临着日益增多的偶然因素；他被日益抛进一种越来越紧密的网络当中，在这个网络里面，个体互相不提供保护，因而也就渴求保护。所以，自马克思以来，人们一直以"异化"(Entfremdung)为主题，对那些限定个体化过程和扭曲"处于自我之外的自我存在"(Ausserr-sich-bei-sich-Sein)结构的社会限制结构进行分析。"异化"(Alienation)也就成为了一种社会心理学研究的关键词。[19]

埃齐奥尼(Etzioni)把"异化"解释为"世界对于行为者的不回应，迫使他屈从于他既不能理解又不能引导的力量"[20]。他从中区分出一种隐蔽的异化形式，即"非本真性"(Uneigentlichkeit)，当然，该词在德语中有着与法语不同的含义，"如果基本情况发生了变化，而一种语境、制度或社会却没有明确的反应，那么，它们也就失去了其本真性"(第 619 页)。这种差异揭示了这样一个事实：即在晚期资本主义社会里，异化现象已经脱离了各种贫困现象(Pauperismus)；但是，这种区分首先考虑的是社会当中引人注目的整合力量和回旋余地，具体表现为：社会冲突可以转化为心理问题，也就是说，它们可以作为私事归咎于个人，同时，被重新政治化的心灵冲突的抗议形式可以得到回避，也就是说，变成了能够用行政手段处理的问题，并作为宽容范围扩大的论据而被制度化。近年来的学生抗议活动为这种机制提供了绝妙的图解。学生抗议活动的基本锋芒是针对已经被预见到的吸收策略。这些策略应当可以用富有想象力的挑战加以破坏。但是，这种努力从根本上讲是失败了。宽容的程度有了提高，可以不用公开压制的形式(当然现实中还有公开压制)就能施展制度的规范力量。新闻媒体在报道大学罢课和公民请愿时，往往遗憾地补充说"没有骚乱"。新的示威方式几乎没有改变任何东西，只改变了期望值。因此，就出现了一个灰色领域，在这里，社会系统可以与它所招致的非(或尚未)制度化的反对力量和平共处，而无需解决成为这些抗议活动的动机、理由或原因的问题。虽然不断用头去撞墙，然而却不见鲜血。

从隐喻的角度对一个现象领域进行确定，不能解释任何东西。它至多能够说明，异化现象正日益被非本真现象所取代。最重要的是，我们还不知道应如何解释这种非本真性，尽管埃齐奥尼在社会劳动系统中、在公共领域中、在集体关系中以及在人格系统自身当中对此已经进行了探讨[21]。现在的关键问题难道不是针对持续破坏规范结构却又长期得不到控制的各种反应吗？——规范结构反对政治系统和经济系统的控制要求不断增长；或者说，难道不是一种新的社会化模式产生时的阵痛吗？事实上可能是这样一种情况：即两种倾向在放弃用真实性规范来加以论证这一点上走到了一起：一种倾向是在政治上得到解放和激励的社会幸福论(Sozialeudämonismus)，这种社会幸福论可以根据策略功利主义的基本原理来加以理解；另一种倾向则是由于政治迟钝而从亚文化系统当中释放出来的贪欲(Pleonexie)，它足以应付满足不断扩大的偶然性的计划。

因为我看不出如何能用经验来直接解决这个问题，所以，我想借助于卢曼的理论来间接地加以考察。卢曼理论的出发点是，未经讨论，就可以假定：当前，创造系统所需的动机决不受各种有自身逻辑的“独立”规范系统的限制，而仅仅听从于控制的命令。

注　释：

[1] 伯格(P. Berger)：《神圣的帷幕》(*The Sacred Canopy*)，New York，1967，第22页及以下诸页。

[2] 请参阅列维-斯特劳斯(Levi-Strauss)的人类学研究：《图腾的终结》(*Das Ende des Totemismus*)，Franfurt，1965；《结构人类学》(*Strukturale Anthropologie*)，Frankfurt，1967，第181页及以下诸页；《神话学》(*Mythologie*)，Frankfurt am Main，第1卷和第2卷，1971，1972。

[3] 请参阅伦特托夫(T. Rendtorff)：《基督教理论》(*Theorie des Christentums*)，Gütersloh，1972，第96页及以下诸页。

[4] 魏茨泽克(C. F. von Weizsäcker)：《自然的同一性》(*Die Einheit der Natur*)，Stuttgart，1971。

[5]　尼采：《全集》(*Werke*)，第3卷，第635页。

[6]　尼采：同上书，第480页。

[7]　哈贝马斯："自然法与革命"，载《理论与实践》，第89页及以下诸页。

[8]　巴赫拉赫(P. Bachrach)：《民主的精英统治理论》(*Die Theorie der demokratischen Elitenherrschaft*)，Frankfurt am Main，1967。

[9]　巴赫拉赫：同上书，第8页。

[10]　兰德曼(M. Landmann)：《个体的终结》(*Das Ende des Individuums*)，Stuttgart，1971。

[11]　维尔默(A. Wellmer)：《社会批判理论与实证主义》，第139页。

[12]　谢尔斯基(H. Scheksky)："科学文明中的人"(Der Mensch in der wissenschaftlichen Zivilisation)，载《追求现实性》(*Auf der Suche nach Wirklichkeit*)，Düsseldorf，1965，第468页。

[13]　谢尔斯基：《德国社会学的定向》(*Ortsbestimmung der deutschen Soziologie*)，Düsseldorf，1959，第96页及以下诸页。

[14]　谢尔斯基："科学文明中的人"，载《追求现实性》，第471页。

[15]　谢尔斯基："持久反思可以制度化吗?"(Ist Dauerreflextion institutionalisierbar)，载《追求现实性》，第250页及以下诸页。

[16]　阿多诺：《微观道德》(*Minima Moralia*)，Frankfurt am Main，1951，第251—252页。

[17]　维尔姆斯(B. Willms)："革命还是反抗"(Revolution oder Protest)，第11页；"系统与主体"(System und Subjekt)，载《社会理论还是社会技术学(补充论证第1卷)》，1973。

[18]　阿多诺：《微观道德》，第109页。

[19]　费尔(L. S. Feuer)："何谓异化？一个概念的历史"(What is Alienation? The Career of a Concept)，载斯坦因(Stein)、维迪奇(Vidich)(编)：《诉讼社会学》(*Sociology on Trial*)，1963；此外还有肯尼斯顿、莱恩(R. D. Laing)、塞克斯(G. Sykes)等的著作和一系列有关失范、"都市问题"和认同问题等的文献。

[20]　埃齐奥尼：《积极的社会》(*The Active Society*)，New York，1968，第618页。

[21]　埃齐奥尼：同上书，第633页及以下诸页。

第五章

复杂性与民主

卢曼认为，参照对规范有效性要求的话语兑现来分析合法性问题的交往理论是“与社会现实不相符合的”[1]。他认为，作为研究问题起点的，不是对规范和意见的论证，即一种理性实践的结构，而是偶然世界中各种复杂的行为系统所受到的选择压力：

> 哈贝马斯认为，主体正像在其之前的主体间性一样，首先是各种论证真理的潜能。对于他来说，人的主体性就在于能够通过主体间性的交往来明确理性的根据，或者说，能够接受这种根据或驳斥自己的根据。但是，他由此又捕捉住主体这一具有更深根基的概念所衍生出来的一个面向，而且在我看来，这个面向是受历史制约的，早已陈旧。[2]

按照卢曼的说法，试图“顶着理性名义，把西方传统的人性要求同这种主体概念联系起来”，必然会导致对世界复杂性的全面低估：“主体必须首先被设想为偶然选择的结果”（第 327 页）。从社会阶级结构角度提出的统治问题与分配问题，已经过时了，[3]它们所显示的是一种“古代欧洲”的视角，这种视角掩盖了从选择范围和决策能力角度产生的真正问题。

“几乎一切都是可能的，而我几乎不能改变任何东西。”这句话表现了卢曼的基本经验。对于卢曼的基本经验，我们或许可以这样来理解：一方面，高度复杂的阶级社会由于自身拥有巨大的生产潜力，因而大大扩展了控制环境和组织社会自身的可能性；另一方面，由于其自发的组织原则，它们也受到了种种限制，从而无法自主使用抽象的可能性，此外还导致自身所产生的(可以避免的)环境复杂性过分膨胀。[4]但是，实际上，卢曼是从相反的意义上来解释他的上述基本经验的：随着偶然性范围的急剧扩大，社会系统获得一定程度的自由，而这种自由又使社会系统受到越来越大的问题和决策的压力。复杂社会系统的各种结构和状态至少在组织和政治领域中具有偶然性，从而能够在实践中加以选择；但是，如何在迄今所展现的各种选择中作出决策，则是一个压倒其他一切问题的问题。在卢曼区分了系统(System)和环境(Umwelt)的确定的复杂性和不确定的复杂性之后，[5]实际的还原问题就不再是(不确定的)环境的复杂性，而是由于系统相关的环境工程而变得确定的环境复杂性，即具有解决问题能力的系统自我超载。由于自主性的不断增强而带来了的诸多问题，也就是说，由于其自由所产生的必然性，使得高度复杂的社会系统不堪重负。

这一问题的优先性一旦确立，事情就会自动地循序发展。解决世界复杂性的问题，需要从根本上全面应用系统概念。由此产生了一系列的重要观点：

(1) 复杂社会不再是通过规范结构而被聚拢和整合的。它们的同一性不再是通过贯穿社会化个体的主体间的交往而建立起来的。相反，从控制角度处理的系统整合独立于从生活世界角度能够实现的社会整合。

(2) 人对自我和世界的理解，脱离了系统的认同，而沦为狭隘观念，以至于它依然是“古代欧洲的观念”，也就是说，既然还坚持以规范要求为取向；或者，它完全脱离规范取向，使个体进入到与系统的意识结构中；为此，个体学会“规划和忍受一个无限开放，最终在本体上还不确定的偶然世界，……并把它作为自己选择一切体验和行为的基础”[6]。

(3) 高度复杂社会的再生产依赖于分化出来的控制系统，即依赖于政治亚系统。随着其处理信息的能力的提高，对其他社会亚系统的不断冷漠，政治系统在社会中获得了一种独一无二的自主性：

> 政治再也无法预先设定其决策基础，它必须为自己创造这种基础。它必须在一个具体的情境下为自己创造合法性，从形成共识的机遇和追求的结果来看，这个情境是开放的，结构也处于不确定状态。[7]

合法化系统与行政系统的分离，就使得决策过程独立于一般的动机、价值和利益的输出。

（4）由于社会系统不再能构成一个给各个亚系统打上认同烙印的世界，因此，通过观察社会要求行政系统所实行的“正确政策”，就再也无法理解政治的功能。[8]

> 概括地说，关键在于：如果政治系统完全是作为一个偶然系统而出现的话，那么，政治系统就再也不能从社会中获得自己的认同。因此，它必须在一个用“古代欧洲”观念所无法理解的意识结构中，通过结构选择来确定自己的身份。[9]

在这种情况下，想通过话语的意志形成和参与把行政机构与社会联系在一起，从而增强行政机构的反思性，则是毫无意义的。

> 决策过程是……消除其他可能性的过程。它们所产生的否定多于肯定，而且它们越是理性地运作，对其可能性的检验越广泛，它们的否定几率就越高。要求所有人都积极参与它们，就意味着制造挫折原则。凡是以这种方式理解民主的人，实际上都会得出这样的结论：即民主与理性是不相容的。[10]

(5) 新的系统论原理自身就具有一种要求普遍有效的语言系统。这种语言系统经过对经典的基本概念(诸如政治、统治、合法性、权力、民主以及公众舆论等)[11]的转型,而认为自己不属于其他各种原理。系统论的任何一种转型,同时也都是对"古代欧洲"观念形成结构的不适用性的批判。随着后现代社会冲动的演进,"古代欧洲"观念的形成结构已经过时了。由于世界复杂性的问题占据了主导地位,合理的社会组织问题和经过具有真实性的规范而形成的动机一起失去了对象。

复杂性与民主的关系十分复杂,最早是在计划理论的层面上以一种实用的方式提出来的。近十年的计划问题讨论[12]除了其他结果外,还产生了两种对立的政治类型,体现了两种不同的计划风格:一种是多元渐进主义的程序政策,主要关注具体条件下的计划;另一种是合理的系统政策,主要致力于纲领性计划。[13]如果用一个模型可以区分官僚结构的行为方式和反应方式的话,那么这两种政治类型可以说是这个模型的两端。如果我们再增加一个向度,即计划过程,它涉及的社会系统成员的参与,那么就可以得出表 6 所示的政治类型。

表 6

受影响者的参与	计划类型	
	渐进型	全面型
不准参与	A	B
准予参与	C	D

所谓"参与",在此的含义是,普遍参与意志形成的话语过程,而且机会均等。按照这个定义,政治类型"C"必然会排除多元主义类型"A"所特有的消除和避免冲突的策略:比如把有争议的目标和价值暂时搁置起来,将谈判过程局限于从目的理性的角度实现能够获得共识的目标;使具有约束义务的谈判程序在形式上独立于其内容;谨慎地分割计划领域等等。[14]同样,政治类型"D"也不容纳政治类型"B"所特有的避免冲突的方式:比如技术官僚退缩到所谓的客观力量领域,把实践问题解释

成技术问题，使专家们不受有关当事人的潜在或被压制的不满影响。

卢曼的计划理论突出强调这些政治类型中有一种适合于复杂社会，这就是全面非参与的计划(B)。这不是作为实际建议提出来的。相反，卢曼认为，他能够证明，高度复杂社会的再生产没有留下其他选择的可能，只能在一种避开政党和公众的行政系统中，而不是在一种用民主方式组织起来的公开领域中，对社会作出必要的反思："在一定程度上，……我们可以说行政机构已经政治化了，也就是说，行政机构本身的地位反映在社会的政治系统中，并因此而把自己确定为偶然的系统。"[15]这种观点的立足点在于：

(1) 对行政机构与社会其他亚系统之间的互动所作的一种描述；

(2) 从因果关系的角度对可以观察到的行政计划能力的局限性所作的一种假设；

(3) 一种关于社会进化理论的基本观点。

关于(1)：在复杂社会里，行政系统作为一个控制中心分化了出来，而且，按照卢曼的观点，行政系统已经取得支配其他社会亚系统的地位。自主的行政机构拥有一切能够处理社会中各种问题的权限。它不仅能够承担责任，而且能够解决问题。由于社会中的任何结构无不受到行政机构的控制，所以在原则上解决任何一种问题都不会使行政机构在能力方面遇到限制。卢曼的这种描述是对人们经验的概括，而从这些经验中确实能推导出晚期资本主义社会所具有的惊人的自我适应机制。

另一方面，行政计划能力也一再遇到极限，官僚机构则纯粹采用回避策略作消极反应，关于这点同样也有充分的证据。有一种政治经济计划理论把这些经验看作是处理危机的具体方式，因此得出了相反的观点：行政系统是依赖于自身环境的，尤其是依赖于经济系统的固有动力。我想再提出强调一下这个观点：行政系统的活动范围在两个方面受到限制：一方面，在控制经济部门时受到它无法改变的所有制秩序的各种因素限制；另一方面，在创造动机时受到与压制普遍利益不能相容的规范结构的独立发展限制。

关于(2)：这两种描述不是强调国家机器的自主性，就是强调国家机器的依赖性，对此我们可以用有力的论据来加以权衡。[16]但是，我们如何解释行政系统计划能力明显受到限制这一点，则要取决于对行政系统的描述。卢曼认为，合理性欠缺原因在于行政机构未能从政治领域分化出来，得到充分发展：

> 政治同行政分离的机会，在于强化选择功能，尤其在于这样一种可能性，即从严格意义上的政治观点出发改变行政行为的前提，诸如组织、人事和计划，而又不损害其具有建构功能的结构。……行政机构自身的结构意味着它自己有存在的可能性，而无需与环境的期望取得一致；与环境的不一致，甚至在可能性存在方面的不一致，则提供了自我控制的机会。与此同时，由于这种甚至在可能性范围内的分离，就必然出现一种危险：即政治系统所解决的问题并非社会问题。[17]

按照卢曼的观点，只有当行政机构形成一种独立于社会的身份，把自己理解为有责任扩大可能性范围和使被排斥的选择同样受到重视的权威时，合理性欠缺才能得到消除。只要行政机构依然依赖于来自公共领域与政党政治的输入，和来自有关各方与所有当事人的输入，那么，能够强化选择功能的自我反思就会受到禁止。卢曼认为，科学与行政机构的结合会逐渐消除具有全面计划能力的行政机构与政治的分化。这种结合将既能终止科学的自主性，同时又可以使权力和真理这两个原先独立的媒介联系起来：

> 在一定范围内，行政机构能够进行政治反思和减少反思性欠缺。对于这个范围，只有行政机构自己能够确定。在这个意义上，"政治化"最终的结果就是把科学的自我研究与结构选择联系起来，从而使

经验与行为、认识与决策、真理与权力之间的经典区分受到质疑。[18]

卢曼的这段话表达出了他对于个体终结的看法：复杂性的快速增长，使得社会必须转向一种放弃区分权力与真理的再生产形式，以便实现一种脱离反思的自发性。[19]

目前我们可以看到有三种不同的解释。首先，与卢曼不同，纳肖尔德(F. Naschold)认为行政计划的关键在于，相对于政治意志的形成过程，行政机构获得了过分的独立性。他认为，政治控制能力本身只有通过扩大有关各方对计划的参与才能获得提高。[20]“政治控制过程的社会化”，是唯一依然能够使没有得到利用的资源和能量释放出来的有效选择。当然，这样做也会带来一种风险，即无法充分地控制参与的范围和程度。纳肖尔德注意到了参与性计划的多重使用功能。参与可以用于控制大众的忠诚，改善信息(早期警报和价值考虑)，通过自助组织来减轻官僚机构的负担等。一种表面上的参与(Scheinpartizipation)的功能，扩大了行政机构对其环境的控制。但是，我们还不十分清楚，纳肖尔德是否认为，我所说的话语意志形成过程中的参与是否也意味着一种“有助于加强政治系统变化能力的生产力”。纳肖尔德认为：“参与是一种寻找个人认同和集体认同的手段，是一种自我组织能力，是参与多元分配政治的前提条件。”(第 43 页)

如前所述，奥佛所持的是这样一种观点：即经济系统自相矛盾的控制命令，对于晚期资本主义国家机器来说，是一种无法克服的合理性限制。在严密筹划的参与计划中，政治控制过程的社会化将能消除行政计划中的瓶颈，因为这样也就消除了选择性的阶级结构，而这些阶级结构正是造成可以避免的环境复杂性累进增长的原因。

最后，沙普夫(Scharpf)认为，经济系统固有的动力强加给了晚期资本主义国家不少限制。但是，即使是一种抛弃了这种限制的政治，“如果其信息系统和决策系统的能力不能满足要求的话，它也会因出乎意料的发展而震惊，因其措施的额外后果而惊慌，因其计划的间接效果而受挫”[21]。但是，与卢曼相反，沙普夫考虑到行政机构内部复杂性的增长极限。也就是说，如果为了中央集权决策结构的全面计划，而牺牲局部的决策结构(这种做法不适用于相互依存的问题结构)，那么，政治计划就将很快达到一种极限：其处理信息和建立共识的能力就会因为各种(密切相关的)问题过于复杂而不堪重负。

> 即使在决策过程中没有任何固定的利益和凭借潜在权力对变革的抵抗……如果试图同时考虑相互依存的决策领域，并积极协调各种变化，那么，在一个狭隘界限外，最终必然会导致全盘不动主义的失败。这个界限需要进一步加以确定，但肯定是会令人失望的。(第177页)

卢曼认为，行政控制能力在原则上讲是可以无限扩展的，它使得行政管理独立于政治之外，并通过吞并科学系统而使行政机构成为社会自我反思的核心场所。卢曼的这个观点很难获得政治计划经验领域的支持。事实上，系统论的论证逻辑说明：参与并不仅仅是一种隐蔽的控制形式，与其说是限制不如说是增强了行政计划能力。“政治控制过程社会化”的合理化效果是很难确定的，因为一方面民主化必然消除经济过程无法控制的固有动机所造成的可以避免的复杂性(只有个别系统无法克服这种复杂性)，但是，与此同时，它会使普遍话语意志形成过程(在个别系统中)不可避免的复杂性发挥作用。把普遍利益与理想状态联系起来的实践理性，面对系统理性可能会得不偿失。当然，如果按照沙普夫的想法，对复杂性的限制是行政管理合理化过程所固有的，而且很快就会达到极限，那么，这种平衡就不一定是负面的。在这种情况下，从全面交往逻辑中必然出现的一种复杂性可能就会被另一种从全面计划逻辑中必然会产生的复杂性所压倒。

关于(3)：从目前计划问题讨论的情况来看，卢曼赞成在一种远离政治，并且进行自我反思的行政机构实现一种非参与性的总体系统计划，但他的观点无法得到充分的论证。而且，现在所能列举的经验证据都是不利于卢曼观点的。归根结底，卢曼的观点并不是建立在计划理论研究基础上的，而是建立在一种社会进化论的基本观点上的。在他看来，环境复杂性的还原问题和系统复杂性的扩展问题，在社会进化过程中占有支配地位，因此只有控制能力能够决定社会的发展水平。这决不是一个无足轻重的观点，因为世界观和道德系统层面上的进一步演化很有可能会以控制系统的整合为代价；起码这种代价可能是没有风险的，即不会危及（发生变化的）系统的连续性。就我所知，卢曼并没有展开论述他的观点，而是通过方法论研究的选择预先对此作出了判断。

理性概念的选择对于计划理论的结构是至关重要的。从决定论的角度提出的计划理论都是建立在一种行为理性（Handlungsrationalität）概念上的，而这种概念则是出自各种手段的目的理性的选择范式。行为合理性模型适用于合理选择理论以及策略行为领域的计划技巧。但是，在对具有丰富经验内涵的社会系统理论展开论述时，可以看到这种模式的种种局限。主体行为合理性概念所选择的理论策略，对于规范主义研究方法和个人主义方法论是一种先验决定。[22]

从系统论角度提出的计划理论，则是以一种出自自我调节系统范式的客观理性概念。系统理性适合于关于对象领域的经验理论。在对象领域里，各种统一体明确地与环境划分开来，因此能够得到确定，它们的理想状态也可以清楚地反映出来。在这种情况下，而且只有在这种情况下，稳定性或超稳定性就可以根据经验所能把握的系统维持状况来加以证实。由于迄今为止，社会或社会亚系统的持续性并没有得到明确，因此，选择系统理性概念的理论策略就带来了（至少）三种不同的选择：首先是规范主义的运作，即确立所研究社会系统的界限和理想状态（组织社会学研究是这方面的代表[23]，埃齐奥尼的“积极社会概念”也是一个典型[24]）；其次是激进功能主义的运作，即从任意变化的参照点中寻找一定背景中的功能替代物（以卢曼为代表）；最后是在社会科学中应用系统理论使它依赖于必需的社会进化理论，这种社会进化理论允许不按常规来确定发展水平，以及系统变化危及认同的极限价值。[25]

最后，从交往理论角度提出的计划理论[26]，则是建立在实践理性概念基础上的。实践理性概念是从话语意志形成的范式中获得的(并且表现为一种关于真理的共识理论)。关于这种理论模式，我在第三章已经讨论过了。它适用于对奠定规范结构的利益格局进行批判研究。当然，这种对规范产生过程的研究必须与系统论方法联系起来，才能对一种相应的社会进化理论有所裨益。

选择了不同的理性概念，也就从先验的角度确定了计划理论的逻辑地位。决策论的计划理论是规范分析方法，即计划手段。系统论的计划理论同样可以进行规范分析。按照它们的要求水平，或者是辅助性的计划手段，或者是把计划理解为一种政治过程的规范理论。卢曼的普遍功能主义计划理论，也表现为一种系统论，一般情况下都把自己看作具有机会主义特征，它打破了经验分析方法和规范分析方法之间的对立。因此，这种理论实际上毋宁说具有一种实用主义特征：系统研究本身是受增长选择性和减少复杂性的规律支配的生活世界的一个部分。交往的计划理论也超越了这种对立，但是原因有所不同：除了关于有效规范的描述命题和涉及规范选择的祈使命题外，它在方法论上还容许对关于(现有的或建议的)规范的论证命题进行批判，也就是说，对规范有效性要求的可兑现性加以批判。可以证明的规范就是真实的命题，它们既不是事实，也不是价值。我们用表7来对我们的讨论进行总结。

表7

理论性质	理性概念		
	目的理性	系统理性	实践理性
经验分析	——	生物控制论	——
规范分析	各种计划手段	作为政治过程的计划理论	——
既非经验分析又非规范分析	——	普遍功能主义	社会批判理论

通过在普遍功能主义和批判重建主义之间进行方法论的选择，我在本书第三部分所讨论的问题也就一同得到了解决。这个问题是：社会生活的再生产是否依然与理性有关，尤其是，动机的产生是否依然依赖于需要证明的规范的内在化。如果不是这样，那么，按照一种合乎规范的发生程序，对历史形成的发展机制和解释系统的重建就失去了对象。而且危机原理也就再也无法建立起来了。反之，卢曼不能允许从上述意义上对社会进行"合理"建构，因为系统论作为其概念方针的一个结果，已经主动并入和服从一种彻底的机会主义生活过程。对于卢曼的研究策略，无论如何都还有这样一个十分重要的反对论据：即如果说社会批判理论在现实变化面前可能会遇到失败，那么，普遍功能主义则必然会设定，也就是说必然会在分析层次上预先假定，社会化模式的变化和个体的终结已经接近完成。

注　释：

[1] 哈贝马斯、卢曼：《社会理论还是社会技术学?》，第 293 页。

[2] 哈贝马斯、卢曼：同上书，第 326—327 页。

[3] 哈贝马斯、卢曼：同上书，第 327 页。

[4] 纳尔(W. D. Narr)、奥佛：《社会福利国家与大众忠诚》(*Wohlfahrtsstaat und Massenloyalität*)，Köln，1973，导论。

[5] 哈贝马斯、卢曼：《社会理论还是社会技术学?》，第 300 页及以下诸页。

[6] 卢曼："复杂性与民主"，载《社会理论还是社会技术学?》，第 316 页。

[7] 卢曼：同上书，第 317 页。

[8] 卢曼："政治概念与管理的'政治化'"(Politikbegriffe und die "Politisierung" der Verwaltung)，载《民主与管理》(*Demokratie und Verwaltung*)，Berlin，1972，第 211 页及以下诸页。

[9] 卢曼：同上书，第 220 页。

[10] 卢曼：《复杂性与民主》，第 319 页。

[11] 卢曼：《政治计划》(*Politische Planung*)，Opladen，1971，前言。

[12] 伽特洛普(I. C. Gawthrop)：《行政政策与社会变迁》(*Administive Politics and Social Change*)，New York，1971；龙格(Ronge)、施密格(Schmieg)编：《政治计划：理论与实践》(*Politische Planung in Theorie und Praxis*)，München，1972；以及《政治计划的限制》(*Restriktionen politischer Planung*)，Bremen，1972，尤其是第 1 章和第 5 章。

[13] 卢曼："政治概念与管理的'政治化'"，载《民主与管理》，第 225 页。

[14] 伽特洛普：《行政政策与社会变迁》，第 42 页及以下诸页。

[15] 卢曼："政治概念与管理的'政治化'"，载《民主与管理》，第 225 页；"社会系统的自我表现"(Selbsthematisierung des Gesellschaftssystems)，载《社会学杂志》(*Zeitschrift für Soziologie*)，1973，第 21 页及以下诸页。

[16] 纳肖尔德(F. Naschold)："论计划的政治学与经济学"(Zur Politik und

Ökonomie der Planung)，载《政治季刊》(*PVJ*)，特刊 4，1972，第 13 页及以下诸页。

[17] 卢曼："政治概念与管理的'政治化'"，载《民主与管理》，第 224 页。

[18] 卢曼：同上书，第 227—228 页。

[19] 盖伦："论结晶"(Über Kristallisation)，载《人类学研究》(*Studien zur Anthropologie*)，1963，第 311 页及以下诸页。

[20] 纳肖尔德："论计划的政治学与经济学"，载《政治季刊》，1972，第 43 页。

[21] 沙普夫(Scharpf)："作为政治计划限制的复杂性"(Komplexität als Schranke der politischen Planung)，第 169 页。

[22] 费斯特(M. Fester)："交往计划理论的准备研究"(Vorstudien zu einer Theorie kommunikativer Planung)，*ARCH*，1970，第 43 页及以下诸页。

[23] 美茵茨编：《官僚组织》(*Bürokratische Organisation*)，Köln，1968；及其主编的《社会学的形式模式》(*Formalisierte Modelle in der Soziologie*)，Neuwied，1967。

[24] [25] 埃齐奥尼：《积极的社会》，第 622 页及以下诸页。

[26] 费斯特："交往计划理论的准备研究"，第 67 页及以下诸页，以及巴特勒研究所(Battelle—Institut)的一份研究报告：《优先确定方法》(*BMBW*，*Methoden der Prioritätenbestimmung I*)，Bonn，1971。

第六章

对理性的偏爱

正如我们所看到的，关于一种对社会有构成作用，并且依赖于真理的社会化方式的持续存在这一基本问题，并不是容易回答的。这就会使人想到，这压根就不是一个理论所能解决的问题，而是一个实践问题：难道我们不应合乎情理地希望，通过社会化的个体来形成社会认同吗？或者说，难道应该因实际的或想象的复杂性问题而牺牲这一愿望吗？当然，这样来提出问题，也就是意味着回答了问题：一种理性的生活方式的构成因素能否得到保持，并不是依赖于这些构成因素的理性意志形成的对象。这样也就有必要诉诸对理性的偏爱。但是，只有当一种已经为大家所共有的交往生活方式中出现了各种选择，这种偏爱才能被证明是合理的。只要出现了一种能够打破先验主体间性的选择，那么，这种唯一具有一般意义的偏爱本身也就变成了特殊偏爱。卢曼就提出了这样一种选择，为此，他从方法论的角度，使所有通过话语兑现的有效性要求来控制的互动领域都服从于权力和增加权力的系统理性要求。这些系统理性属于一个离心的行政机构，它们没有进一步的依赖对象。也就是说，这类垄断要求决不允许用实践理性的标准来加以衡量，这和《利维坦》中所说的情况是一样的。

这种视角使"古代欧洲"的观念受到了诱惑，但这已不是第一次。如果我们面对启蒙思想的困境而垂头丧气，而且为了追求一种合理社会组织的目标而退缩到行动主义（Aktionismus），也就是说，如果我们一开始就从决定论的角度怀着这样的希望，即取得成功后再回过头来，为花费的代价找到证明，那么，我们实际上已经接受了对方的立场。[1]

同样，偏爱理性也不能证明退到正统马克思主义那里就是正确的，在今天，偏爱理性至多使得我们可以不用论证而建立不会带来政治后果的亚文化。两条道路都拒绝这样一种实践：即一种与理性意志相联系的实践，但是这种实践并不回避对论证的要求，而是要求从理论上阐明我们所不了解的东西。即使我们今天所能知道的不比我在概述中所揭示的多，这也不会使我们放弃对晚期资本主义所能承担的压力极限进行批判检验的努力；而且，这也根本没有麻痹我们进行斗争的决心：即反对置公民于不顾，也就是说，反对不惜一切代价，甚至牺牲古代欧洲的人的尊严，把自发的社会系统固定下来。

注　释：

[1] 奥佛尝试对行动主义作出如下思考：

> “国家理论试图揭示政治统治的阶级特征；国家理论的问题在于，作为一种理论，作为对国家功能和国家内部利益结构的客观描述，国家理论是根本无法得到贯彻的。只有阶级斗争的实践才能把国家理论的认识要求付诸实现……理论认识能力的这种有限性不是由于其方法的局限性所造成的，而是由其对象的结构所决定的。阶级理论是无法解释清楚这种对象的。简单地说，资本主义工业社会的政治统治是一种阶级统治方法，它本身是不容易被认识清楚的。（奥佛：《资本主义国家的结构问题》，第 90—91 页）

奥佛的出发点是，他所说的国家的阶级结构根本无法从客观的角度加以认识。我想奥佛的这个前提是我所不能赞成的。因为上文所提到的压制普遍利益的模式无疑可以用来重建非决策、选择规则以及潜在的现象。即使我不得不赞成奥佛的观点，他的证据也是自相矛盾的。我们假设，实现消灭阶级结构这一目标可以从以下角度找到依据：

——能够自我证明的实践是一种独立的实践，即一种合理的实践。

——只要行动会带来政治后果，要求证明的实践就是合理的。

——所以，希望改造社会系统的愿望也是合理的。因为社会系统只能从虚拟的角度提出规范有效性要求，也就是说，它的实践无法得到证明，原因在于它的结构压制了普遍利益。

如果像奥佛所说的那样，我们的统治制度的阶级特征是无法认识的，那么，革命行为最多也就能建立在事后才能判断真假的推测上面。只要阶级结构还没有得到认识，政治行为就无法根据普遍利益得到证明。它也就一直是一种非理性实践。不管目标如何，一种非理性实践都无法用充分的理由来证明自己优先于其他任何一种实践，哪怕是法西斯主义的实践。由于这样一种实践是在一定的决心和意识下作出的，因此，它也就否定了克服消灭阶级结构所必需的论证理由。

当然，任何人都不要因为上述观点而拒绝接受决定论的模式，因为通常情况下，我们别无选择。但是，如果接受了这种模式，我们的行为就会充满主观色彩，在权衡风险时就会认识到，这种行为的政治后果是无法用道德来衡量的。即便是这种行为也是以对实践理性力量的信任为前提的。而且，那些对实践理性本身产生怀疑的人甚至能够认识到，不仅他的行为具有主观色彩，而且他在行为过程中彻底抛弃了论证。这样，一种行动主义理论也就显得多余了：行动本身就已经足够了。期望虽然关系到行动的结果，但无法得到证明，因此对于行动就没有什么意义。相反，行动必须超越论证，随心所欲，而不管人们用多少修辞来使它变成一种经验事件。

人名对照表

Adorno, T.W. 阿多诺
Albert, H. 阿尔伯特
Almond, G.A. 阿尔蒙德
Altvater, E. 阿尔特瓦特
Apel, K.O. 阿佩尔
Aristoteles 亚里士多德
Armbruster, W. 阿姆布鲁斯特
Arndt, H. 阿恩特

Bachlach, P. 巴赫拉赫
Bahr, H.E. 巴尔
Baier, K. 贝耳
Baumgartner, H.M. 鲍姆伽特纳
Bell, D. 贝尔
Bendix, R. 本迪克斯
Benjamin, Walter 本雅明
Benn, Gottfried 本
Berger, P. 伯格
Berle 伯利
Blasche, S. 布拉舍
Bodenhöfer, H.J. 博登霍费尔
Böhme, G. 博姆
Brede, K. 布莱德
Bredekamp, H. 布莱德坎普
Brandt, Gerhard 布兰特
Brodbeck 布罗德贝克
Brunner, O. 布鲁纳
Burdick, 布尔迪克

Caneiro, R.L. 卡奈罗
Cohen, St. 科恩
Crosser, P.K. 克罗瑟

Dahrendorf, Ralf 达伦道夫
Decartes, R. 笛卡儿
Deutsch, K.W. 多伊奇
Dewey, J. 杜威
Dobb, M. 多布
Döbert, R. 丢伯特
Dreitzel, H.P. 德雷泽尔
Durkheim, E. 涂尔干

Edelmann, M. 埃德尔曼
Eder, K. 埃德
Edwards, P. 爱德华
Engels, F. 恩格斯
Etzioni, A. 埃齐奥尼

Fester, M. 费斯特
Feuer, L.S. 费尔
Forrester 福里斯特
Funke, R. 芬克
Friedeburg, L.v. 福利德堡
Fröbel, F. 弗洛贝尔

Gadamer, H.G. 伽达默尔
Galtung, J. 加尔通
Galbraith, J. 加尔布雷思
Gawthrop, L.C. 伽特洛普
Gehlen, A. 盖伦
Goedel 哥达尔
Godelier, M. 古德里尔
Goslin, D.A. 戈斯林
Grice, R. 格莱斯
Gündel, R. 京德尔

Habermas, J. 哈贝马斯
Hare, R.M. 黑尔

Hartmann, Nicolai　哈特曼
Hartung, D.　哈通
Hauser, A.　豪塞
Hegel　黑格尔
Heiniger, H.　海宁格
Heinrichs, J.　亨利希
Hess, P.　赫斯
Heymer, St.　海默
Hilferding, R.　希法亭
Hirsch, J.　赫希
Hobbes　霍布斯
Hobsbawm, E.　霍布斯鲍姆
Hofmann, W.　霍夫曼
Holländer, H.　霍兰德
Horkheimer, Max　霍克海默
Hufschmid, J.　胡夫施密特
Hume, D.　休谟

Ilting, R.H.　伊尔廷

James, William　詹姆斯
Jänicke, M.　耶尼克
Jaspers, K.　雅斯贝斯
Jünger, Ernst　容格

Kambartel, F.　卡姆巴特尔
Kant, I.　康德
Käsler, D.　凯斯勒
Kenniston, K.　肯尼斯顿
Keynes　凯恩斯
Kluge, A.　克鲁格
Kohlberg, L.　科尔伯格
Kolko, G.　科尔科
Kornhauser　科恩豪塞
Koselleck, R.　科瑟勒克
Krappmann　克拉普曼
Kräppner　克莱普纳
Kress　克莱斯
Kreye, O.　克列耶
Krohn, W.　克洛恩

Laing, R.D.　莱恩
Landmann, M.　兰德曼
Lenk, K.　伦克
Lenski, G.　伦斯基
Leonardo　列奥纳多
Levi-Strauss, C.　列维-斯特劳斯
Lipset　利普塞特
Lockwood, D.　洛克伍德
Lorenzen, P.　洛伦岑
Looser, Max　洛泽
Löwith, K.　洛维特
Luckmann, Th.　卢克曼
Luhmann, N.　卢曼
Luescher　吕舍

Maciejewski, F.　马西耶夫斯基
Macpherson, C.B.　麦克弗森
Mandel, E.　曼德尔
Marcuse, H.　马尔库塞
Marx, K.　马克思
Mattick, P.　马蒂克
Mauke, M.　毛克
Mayntz, R.　美茵茨
Meadows　米多斯
Means　米恩斯
Melman, S.　梅尔曼
Menne　迈纳
Merton　默顿
Metz　默茨
Meuschel, Sigrid　穆谢尔
Meyer-Abich, K.M.　迈耶尔-阿比希
Michels　米谢尔斯
Mitscherlich, A.　米切利希
Mittelstrass, J.　米特尔斯特拉斯
Moltmann　默尔特曼
Mommsen, W.J.　蒙森
Monro, D.H.　门罗
Mosca　莫斯卡
Moser, T.　莫泽尔
Müller, W.　穆勒

Narr, W.D.　纳尔
Naschold, F.　纳肖尔德

Negt，O.　耐格特
Neuendorff，H.　诺伊恩多夫
Neusüss，Gh.　纽苏斯
Nietzsche，F.　尼采
Nunner-Winkler，G.　诺纳-温克勒
Nuthmann，R.　诺特曼

O'Connor，J.　奥康纳
Oehler，Ch.　厄勒
Oevermann，U.　奥佛曼
Offe，C.　奥佛

Pannenberg　潘能伯格
Pareto　帕累托
Parsons，T.　帕森斯
Peirce　皮尔斯
Pilot，H.　皮洛特
Plessner，H.　普莱斯纳
Popper，K.R.　波普尔
Poulantzas，N.　普兰查斯

Rathenau　拉特瑙
Reagan，M.D.　里根
Reichelt，H.　赖希特
Rendtorff，T.　伦特托夫
Riedel，M.　里德尔
Robinsohn，S.B.　罗宾索恩
Rödel，U.　罗德尔
Ronge　龙格

Sahlins，M.　萨林斯
Scharpf，F.W.　沙普夫
Scheler，Max　舍勒
Schelski，H.　谢尔斯基
Schiller，F.　席勒
Schluchter，W.　施洛赫特
Schmid，G.　施密特
Schmieg　施密格
Schulz，Walter　舒尔茨
Schumpeter，J.　熊彼特
Schütz，A.　舒茨
Schwemmer，O.　施魏默
Senghaas，D.　桑哈斯
Shonfield，A.　肖恩菲尔德
Siara，Ch.　希阿拉
Singer，M.G.　辛格
Sklair，L.　斯克莱尔
Sohn-Rethel，A.　松-莱特
Stein　斯坦因
Stevenson，L.　斯蒂文森
Strachey，J.　斯特莱奇
Streeck，Sylvia　斯特里克
Streeck，Woifgang　斯特里克
Sunkel，O.　森克尔
Sykes，G.　塞克斯

Tocqueville　托克维尔
Toulmin，St，　图尔明
Truman　杜鲁门
Tsuru，S.　都留重人

Van den Daele，W.　范登达埃尔
Verba，S.　维尔巴
Vidich　维迪奇
Vogt，W.　福格特
Von Wright　冯莱特

Wagner，W.　瓦格纳
Weber，M.　韦伯
Weidenbaum，M.　韦登鲍姆
Weizsäcker，C.F.v.　魏茨泽克
Wellmer，A.　维尔默
Weltz，F.　韦尔茨
Widmaier，H.P.　魏德迈耶尔
Willms，B.　维尔姆斯
Winckelmann，J.　温克尔曼
Winterhager，W.D.　温特哈格
Wirth，M.　沃特

Zeleny，J.　策莱尼
Zieschang，K.　齐尚
Zollschan　佐尔山

参 考 文 献

T. W. Adorno, *Minima Moralia*, Frankfurt am Main, 1951;
T. W. Adorno, *Prismen*, Frankfurt am Main, 1955;
G. Almend, S. Verba, *The Civic Culture*, Boston, 1965;
H. Arndt, *Die Konzentration der westdeutschen Wirtschaft*, Pfulligen, 1966;
P. Bechrach, *Die Theorie der demokratischen Elitenherrschaft*, Frankfurt am Main, 1967;
H. E. Bahr: *Politisierung des Alltags*, Neuwied, 1972;
K. Baier: *The Moral Point of View*, Ithaca, 1958;
H. M. Baumgartner, *Kontinuität und Geschichte*, Frankfurt am Main, 1972;
R. Bendix, *Der Glaube an die Wissenschaft*, Konstanz, 1971;
P. Berger, *The Sacred Canopy*, New York, 1967;
P. Berger, Th. Luckmann, *Die gesellschaftliche Konstruktion der Wirklichkeit*, Frankfurt am Main, 1969;
K. Brede: *Sozioanalyse psychosomatischer Störungen*, Frankfurt am Main, 1972;
O. Brunner, *Neue Wege zur Sozialgeschichte*, Göttingen, 1956;
St. Cohen, *Modern Capitalist Planing*, Cambridge, 1969;
P. K. Crosser, *State Capitalism in the Economy of the USA*, New York, 1960;
K. W. Deutsch, A. Eztzioni, *The Nerves of Government*, New York, 1963;
J. Dewey, *The Quest for Certainty*, New York, 1929;
M. Dobb, *Studies in the Development of Capitalism*, London, 1947;
H. P. Dreitzel, *Sozialer Wandel*, Neuwied, 1967;
Döbert, G. Nunner, *Konflikt und Rückzugspotentiale in spaetkapitalistischen Gesellschaften*, MPIL;
M. Edelmann, *The Symbolic Uses of Politics*, Chicago, 1964;
M. Edelmann, *Politics as Symbolic Action*, Chicago, 1971;
K. Eder, *Mechanismen der sozialen Evolution*, MPIL;
P. Edwards, *Logic of Moral Discourse*, New York, 1955;
M. Fester, *Vorstudien zu einer Theorie Kommunikativer Planung*, ARCH, 1970;
R. Funke, *Exkurs über Planungsrationalität*, MPIL;
R. Funke, *Organisationsstrukturen planender Verwaltung*, Darmstadt, 1973;
J. Galbraith, *The New Induatrial State*, London, 1967;
I. C. Gawthrop, *Administive Politics and Social Change*, New York, 1971;
M. Godelier, *System, Struktur und Wiederspruch im Kapital*, Berlin, 1970;
D. A. Goslin, *Handbook of Socialisation*, Chicago, 1969;
J. Habermas, L. v. Friedeburg, Ch. Oehler, F. Weitz, *Student und Politik*, Neuwied, 1961;
J. Habermas, *Strukturwandel der öffentlichkeit*, Neuwied, 1962;
J. Habermas, *Technik und Wissenschaft als Ideologie*, Frankfurt am Main, 1968;
J. Habermas, *Erkenntnis und Interesse*, Frankfurt am Main, 1968;
J. Habermas, *Zur Logok der Sozialwissenschaften*, Frankfurt am Main, 1970;
J. Habermas, *Theorie und Praxis*, Neuwied, 1971;
J. Habermas, *Philosophisch-politische Profile*, Frankfurt am Main, 1971;

J. Habermas, N. Luhmann, *Theorie der Gesellschaft oder Sozialtechnologie*, Frankfurt am Main, 1971;
R. M. Hare, *Die Sprache der Moral*, Frankfurt am Main, 1972;
D. Hartung, R. Nuthmann, W. D. Winterhager, *Politologen im Beruf*, Stuttgart, 1971;
J. Heinrichs, O. Kreye, O. Sunkel, *Internationalisierung von Arbeit und Kapital: Entwicklung und Unterentwicklung*, MPIL;
J. Hirsch, *Wissenschaftlich technischer Fortschritt und politisches System*, Frankfurt am Main, 1970;
E. Hobsbawm, *Europäische Revolution*, Zürich, 1962;
H. Holländer, *Das Gesetz des tendenziellen Falls der Profitrate*, Regensburg, 1972;
J. Hufschmid, *Die Politik des Kapitals*, Frankfurt am Main, 1970;
M. Jänicke, *Herrschaft und Krise*, Opaladen, 1973;
K. Jaspers, *Max Weber*, Oldenburg, 1932;
K. Kenniston, *Youth and Dissent*, 1971, New York;
G. Kolko, *Besitz und Macht*, Frankfurt am Main, 1962;
R. Koselleck, *Kritik und Krise*, Freiburg, 1961;
M. Landmann, *Das Ende des Individuums*, Stuttgart. 1971;
K. Lenk, *Ideologie*, Neuwied, 1961;
G. Lenski, *Power and Privilege*, New York, 1966;
Levi-Strauss, *Das Wilde Denken*, Frankfurt am Main, 1968;
Levi-Strauss, *Das Ende des Totemismus*, Frankfurt am Main, 1965;
Levi-Strauss, *Strukturale Anthropologie*, Frankfurt am Main, 1967;
Levi-Strauss, *Mythologie*, Frankfurt am Main, 1971, 1972;
P. Lorenzen, *Normative Logics and Ethics*, Mannheim, 1969;
Karl Löwith, *Weltgeschichte und Heilsgeschehen*, Stuttgart, 1953;
N. Luhamnn, *Soziologische Aufklärung*, Opladen, 1970;
N. Luhmann, *Politische Planung*, Opladen, 1971;
N. Luhmann, *Legitimation durch Verfahren*, Neuwied, 1969;
C. B. Macpherson, *Besitzindividualismus*, Frankfurt am Main, 1972;
E. Mandel, *Der Spätkapitalismus*, Frankfurt am Main, 1972;
H. Marcuse, *Counterrevolution und Revolt*, Frankfurt am Main, 1973;
P. Mattick, *Marx und Keynes*, Boston, 1969;
M. Mauke, *Die Klassentheorie von Marx und Engels*, Frankfurt am Main, 1970;
D. Meadows, *Grenzen des Wachstums*, Stuttgart, 1972;
S. Melman, *Pentagon Capitalism*, New York, 1970;
A. Mitscherlich; *Krankheit als Konflikt*, Frankfurt am Main, 1966;
J. Mittelstrass, *Das praktische Fundament der Wissenschaft*, Konstanz, 1972;
W. J. Mommsen, *Max Weber und die deutsche Poitik*, Tübingen, 1959;
D. H. Monro, *Empiricism and Ethics*, Cambridge, 1967;
T. Moser, *Jugendkriminalität und Gesellschaftsstruktur*, Frankfurt am Main, 1970;
M. Müller, H. Bredekamp, *Autonomie der Kunst*, Frankfurt am Main, 1972;
W. D. Narr, C. Offe, *Wohlfahrtsstaat und Massenloyalität*, Köln, 1973;
F. Naschold, *Organisation und Demokratie*, Stuttgart, 1969;
O. Negt, A. Kluge, *Öffentlichekeit und Erfahrung: Zur Organisationsannalyse von bürgerlicher und proletarischer Öffentlichkei*, Frankfurt am Main, 1972;
Neuendorff, *Der Begriff des Interesses*, Frankfurt am Main, 1973;
Claus Offe, *Strukturprobleme des kapitalistischen Staates*, Frankfurt am Main, 1972;
T. Parsons, *Evolutionary and Conparative Perspektives*, Englewood Cliffs, 1966;
H. Plessner, *Die Stufen des Organischen und der Mensch*, Berlin, 1928;
K. R. Poper, *Die offene Gesellschaft und Ihre Feinde*, Bern, 1957;
M. D. Reagan, *The Mananged Economy*, New York, 1963;
H. Reichelt, *Zur logischen Struktur des Kapitalsbegriffs bei K. Marx*, Frankfurt am Main, 1970;

T. Rendtorff, *Theorie des Christentums*, Gütersloh, 1972;
M. Riedel, *Studien zu Hegels Rechtsphilosophie*, Frankfurt Main, 1969;
S. B. Robinsohn, *Bildungsreform als Revision des Curriculum*, Neuwied, 1967;
U. Rödel, *Zusammenfassung kritischer Augumente zum Status der Werttheorie und zur Möglichkeit einer werttheoretischen Krisentheorie*, MPIL;
Ronge, Schmieg, *Politische Planung in Theorie und Praxis*, München, 1972;
Ronge, Schmieg, *Restriktionen politischer Planung*, Bremen, 1972;
M. Sahlins, *Service, Evolution and Culture*, Ann Arbor, 1968;
H. Schelsky, *Ortsbestimmung der deutschen Soziologie*, Düsseldorf, 1959;
W. Schluchter, *Aspekte buerokratischer Herrschaft*, München, 1972;
O. Schwemmer, *Philosophie der Praxis*, Frankfurt am Main, 1971;
Shonfield, *Modern Capitalism*, London, 1965;
D. Senghaas, *Imperialismus und strukturelle Gewalt*, Frankfurt am Main, 1972;
M. G. Singer, *Generalization in Ethics*, London, 1963;
L. Sklair, *The Sociology of Progress*, London, 1970;
A. Sohn-Rethel, *Die ökonomische Doppelnatur des Spätkapitalismus*, Neuwied, 1972;
Sylvia Streeck, Wolfgang Streeck, *Parteisystem und Status quo*, Frankfurt am Main, 1972;
St. Toulmin, *The Use of Argument*, Cambridge, 1964;
S. Tsuru, *Has Capitalism Changed?*, Tokio, 1961;
Max Weber, *Wirtschaft und Gesellschaft*, Köln, 1956;
M. Weidenbaum, *The Modern Public Sector*, New York, 1969;
C. F. v. Weizsäcker, *Kriegsfolgen und Kriegsverhütung*, München, 1971;
C. F. von Weizsäcker, *Die Einheit der Natur*, stuttgart, 1971;
A. Wellmer, *Kritische Gesellschaftstheorie und Positivismus*, Frankfurt am Main, 1969;
H. P. Widmaier, *Machtstrukturen im Wohlfahrtsstaat. Regensburger Diskussionsbeiträge zur Wirtschaftswissenschaft*, 1973;
J. Winkelmann, *Legitimität und Legalität in Max Webers Herrschaftssoziologie*, Tübingen, 1952;
M. Wirt, *Kapitalismustheorie in DDR*, Frankfurt am Main, 1972;
J. Zeleny, *Die Wissenschaftslogik und das kapital*, Frankfurt am Main, 1968;
G. Zollschan, W. Hirsch, *Explorations in Social Change*, London, 1964.

图书在版编目(CIP)数据

合法化危机/(德)尤尔根·哈贝马斯著;刘北成,
曹卫东译. —上海:上海人民出版社,2019
ISBN 978-7-208-15840-5

Ⅰ.①合… Ⅱ.①尤… ②刘… ③曹… Ⅲ.①资本主
义-危机论-研究 Ⅳ.①D033.3

中国版本图书馆 CIP 数据核字(2019)第 081554 号

责任编辑 吴书勇
封面设计 李婷婷

合法化危机
[德]尤尔根·哈贝马斯 著
刘北成 曹卫东 译

出　　版 上海人民出版社
(200001 上海福建中路 193 号)
发　　行 上海人民出版社发行中心
印　　刷 常熟市新骅印刷有限公司
开　　本 635×965 1/16
印　　张 10.5
插　　页 5
字　　数 141,000
版　　次 2019 年 7 月第 1 版
印　　次 2019 年 7 月第 1 次印刷
ISBN 978-7-208-15840-5/D·3408
定　　价 68.00 元